WOLFGANG LINK

DIABETESKÜCHE

einfach & schnell

WOLFGANG LINK

DIABETESKÜCHE

einfach & schnell

60 Rezepte nach der LOGI-Methode – für Diabetiker

systemed

INHALTSVERZEICHNIS

Es geht doch:

schnell und gesund kochen

Auch für Diabetiker muss die Küche nicht kompliziert und langwierig sein. Mit ein bisschen Umdenken gelingen Ihnen gesunde Rezepte entspannt und schnell. Hier finden Sie viele Tipps schon für den Einkauf.

SELBST KOCHEN – EINFACH UND GESUND

Gemütlich zu Hause kochen? Mit gesunden Zutaten frisch zubereitet? Ideal für Diabetiker geeignet? Unser Alltag ist oft anders: Man kommt nach einem harten langen Arbeitstag nach Hause und will einfach nur die Beine hochlegen. Etwas Gesundes zu essen gab es heute noch nicht, vielleicht ein schneller Snack zwischendurch.

Eigentlich wäre es nun dringend an der Zeit, für das verdiente leibliche Wohl zu sorgen.

Aber jetzt noch lange in der Küche stehen? Auch die unter uns, die gerne kochen, befürchten oftmals, dass es zu zeitaufwendig ist, frische ausgewogene Mahlzeiten zuzubereiten, die auch zum Diabetikerleben passen. Trotz guter Vorsätze fehlt es vielen im hektischen Alltag an der vermeintlich notwendigen Zeit für eine ausgewogene, gesunde Ernährung und ausgiebiges Kochen.

Denn oft ist es doch so: schneller Einkauf, schnelle Zubereitung ... zu mehr reichen unter der Woche meist weder Zeit noch Lust. Das alles klingt verdächtig nach dem eiligen Griff zu Fertiggerichten aus der Tiefkühltruhe oder sich um die Ecke beim Italiener am Fast Food-Eck zu versorgen oder zügig ein Käsebrot auf den Tisch zu bringen.

Wenn es schnell gehen muss, greifen wir immer noch zu gern notgedrungen auf Tütensuppen, Mikrowellengerichte, Tiefkühlpizza oder die Nudeln mit Sauce aus dem Glas zurück. Diese Lebensmittel sind meistens nicht nur weit von einer geschmacklichen Offenbarung entfernt, sondern langfristig, besonders für Diabetiker, gesundheitlich stark bedenklich. Denn neben künstlichen Zusatzstoffen enthalten sie vor allem auch reichlich Stärke und versteckten Zucker – die Kohlenhydratfalle schnappt zu. Klare Sache: Insulinwirkung, wenig Nährstoffe und geschmackliches Einerlei ... Das muss nicht sein.

Mit meinen neuen Rezepten und vielen Tipps möchte ich Ihnen zeigen, dass es anders geht:

Köstliche Low-Carb-Gerichte für Diabetiker können schnell genussfertig auf dem Tisch stehen und ermöglichen Ihnen auf diese Weise eine gesundheitsförderliche Ernährung trotz Eile und Zeitnot. Wenn Sie darüber hinaus Ihre Einkäufe richtig organisieren und einige Tipps aus diesem Buch beherzigen, werden Sie erleichtert feststellen, dass gesund und lecker zu kochen eigentlich schneller geht, als sich mal eben rasch die üblichen »Dickmacher« warm zu machen. Von jetzt ab heißt es Schluss mit Fertigsuppe und Tiefkühleinerlei – es gibt keine Ausrede mehr für schlechtes Essen!

Viele der Gerichte für Diabetiker aus dem Rezeptteil sind in weniger als einer halben Stunde auf dem Tisch. Aufläufe dauern mitunter etwas länger, aber wenn alles in der Form ist, übernimmt der Ofen die Arbeit, während Sie sich anderen Dingen widmen können. Für etliche Gerichte brauchen Sie nur eine einzige Pfanne und vermeiden unnötig viel Abwasch. Damit die Einkäufe frischer Lebensmittel nicht zum Zeitfresser werden, können Sie sich Gemüse und Obst aus der Region liefern lassen. Inzwischen gibt es eine nahezu flächendeckende Versorgung mit Biokisten. Meist können Sie diese auch noch mit weiteren Lebensmitteln aufstocken. Wenn die Zeit zum Gemüseschnippeln fehlt, darf es auch gerne Tiefkühlware sein. Das Gemüse wird erntefrisch eingefroren, sodass wertvolle Inhaltsstoffe erhalten bleiben. Zeit sparen können Sie auch, wenn Sie von einem Gericht gleich eine größere Menge zubereiten und portionsweise einfrieren. Dann haben Sie an einem anderen Tag küchenfrei.

Eines sollten Sie allerdings auf keinen Fall vergessen: Die Zeit, die Sie für die Zubereitung Ihrer Mahlzeiten aufwenden, ist keineswegs vertan. Beim Kochen können Sie den hektischen Alltag bestens hinter sich lassen, all Ihre Sinne ansprechen und Ihren Körper anschließend mit einer frischen Mahlzeit verwöhnen. Zeit sollten Sie sich auch für Ihre Mahlzeiten nehmen. Essen zwischen Tür und Angel, mit der Zeitung vor der Nase, bei laufendem Fernseher oder am Schreibtisch – das war gestern. Schaffen Sie stattdessen eine angenehme Atmosphäre, konzentrieren Sie sich auf den Geruch, den Geschmack und die Konsistenz Ihrer Speisen und genießen Sie achtsam jeden Bissen. So wird jede Mahlzeit zum Hochgenuss.

SCHNELLE GESUNDE KÜCHE – MIT WENIG KOHLENHYDRATEN

Die Kohlenhydrate in unserer Nahrung zeigen schnell Wirkung: Wenn wir zum Beispiel Weißbrot essen, dann steigt daraufhin unser Blutzuckerspiegel an. Erhöhte Blutzuckerwerte regen die Bauchspeicheldrüse an, das Hormon Insulin zu produzieren. Dieses wird für die Verstoffwechslung der Kohlenhydrate benötigt.

Die Insulinwirkung senkt den Blutzuckerspiegel anschließend wieder auf das Ausgangsniveau herab. Allerdings nicht ohne Nebenwirkungen: Das Tückische am Insulin ist, dass es wie ein Masthormon wirkt und unsere Fettpolster wachsen lässt. So hemmt ein hoher Insulinspiegel nicht nur die Fettverbrennung, sondern fördert zugleich auch die Fetteinlagerung. Weitere Folge: Das Auf und Ab des Blutzuckers nach einer kohlenhydratreichen Mahlzeit bewirkt darüber hinaus auch, dass das Sättigungsgefühl nicht lange anhält und wir recht bald wieder Appetit verspüren. Mitunter verspüren wir richtige Heißhungerattacken. Wer jetzt nicht sehr diszipliniert ist, geht das Risiko ein, viele unnötige Kalorien in Form von Süßigkeiten oder anderen kohlenhydrat- und fettreichen Snacks wie zum Beispiel Käsebrötchen aufzunehmen. Auf diese Weise nimmt Übergewicht seinen Lauf. Starke Schwankungen des Blutzuckerspiegels sind dann besonders ausgeprägt zu beobachten, wenn wir sogenannte »schnelle Kohlenhydrate« zu uns nehmen, die den Blutzucker- und Insulinspiegel rasant in die Höhe treiben. Zu diesen gehören unter anderem Weißmehlprodukte wie Weißbrot, Baguette, Plunder, süße Teilchen oder Süßigkeiten.

Anders wirken »langsame Kohlenhydratlieferanten«: Sie enthalten zusätzlich einen erhöhten Anteil an Ballaststoffen, welche die Verdauung der Kohlenhydrate verzögern. Damit gelangen sie erst nach und nach ins Blut und bewirken einen langsameren Anstieg des Blutzuckers und damit auch des Insulinspiegels. Wenn Sie daher kohlenhydratreiche Lebensmittel verzehren wollen, empfiehlt es sich immer, die Vollkornvariante wie zum Beispiel Vollkornreis, -nudeln, -brot und -brötchen zu bevorzugen. Es kommt aber nicht nur auf die Qualität der Kohlenhydrate an, auch die täglich verzehrte Gesamtkohlenhydratmenge ist von entscheidender Bedeutung.

Die ballaststoffreichen Kohlenhydratlieferanten lassen zwar unseren Blutzucker langsamer ansteigen, es ist aus gesundheitlicher Sicht aber dennoch nicht sinnvoll, mehrmals am Tag reichlich Vollkornprodukte in die Mahlzeiten einzubauen. Denn für die Verstoffwechslung der Kohlenhydrate ist trotzdem eine entsprechende Menge Insulin notwendig. Und die nachteiligen Auswirkungen eines ständig erhöhten Insulinspiegels kennen Sie bereits.

Und wenn wir mehr Kohlenhydrate zu uns nehmen, als wir zum Beispiel durch sportliche Betätigung verbrennen? Die Antwort ist ganz einfach: Da Kohlenhydrate nur sehr begrenzt in Form von Glykogen in den Muskeln und in der Leber gespeichert werden können, werden überschüssige Kohlenhydrate in eine andere Speicherform, und zwar in Fett, umgewandelt.

UNSER KURZES FAZIT:

Zu viele und falsche Kohlenhydrate lassen den Blutzuckerspiegel ansteigen und erhöhen den Insulin Bedarf! Dies ist besonders für Diabetiker schädlich. Außerdem machen sie dick, deshalb Low Carb!

GUT ESSEN MIT WENIG AUFWAND: UNSERE TIPPS SPAREN ZEIT IN DER KÜCHE UND BEIM EINKAUF

Damit Sie weiterhin Freude am Essen und Spaß bei der Zubereitung haben, haben wir Ihnen ein paar Tipps aus der alltäglichen Praxis zusammengestellt – vielleicht ist ja etwas dabei, das Ihre schnelle Feierabendküche noch angenehmer macht.

Tipps: Einfach und schnell einkaufen

Sie können Zeit sparen, indem Sie kochfertiges Tiefkühlgemüse wie Möhren oder Erbsen verwenden. Auch Nüsse in gehackter oder gehobelter Form sind besonders gut geeignet, wenn es schnell gehen soll.

Sie können sich den Kerbel gerne in Form einer Topfpflanze (entspricht circa zwei Bund) anschaffen, da er eine schmackhafte Zutat in mehreren Rezepten dieses Bandes ist – so brauchen Sie nicht jedes Mal aufs Neue einen frischen Bund zu kaufen.

Legen Sie sich einen diabetikergeeigneten Lebensmittelvorrat an, zum Beispiel aus Erbsen und Brokkoli für den Gefrierschrank oder auch Eiern und Oliven (in Lake) für ein leckeres Gemüseomelett. So tappen Sie, auch wenn es mal schnell gehen soll, nicht in die Kohlenhydratfalle.

Einige Lebensmittel können bereits geschnitten oder küchenfertig gekauft werden. Lassen Sie sich das Rinderfilet vom Fleischer Ihres Vertrauens nach Ihren Bedürfnissen vorbereiten und es zum Beispiel entsehnen.

Gliedern Sie die Lebensmittel auf dem Einkaufszettel ihrer räumlichen Abfolge im Supermarkt entsprechend. Das verschafft Ihnen einen besseren Überblick und spart Zeit.

Planen Sie feste Wochentage zum Einkaufen ein, um unnötiges und zeitaufwendiges Mehrfacheinkaufen zu vermeiden. Oder Sie bestellen in einem Low-Carb-Onlineshop.

Achten Sie beim Einkaufen von erdbehafteten Lebensmitteln wie Lauch oder Sellerie darauf, dass sich die Verschmutzung in Grenzen hält, um sich so zusätzliche Reinigungsarbeiten zu ersparen.

Durch den Kauf von Biogemüse und -obst können Sie Zeit sparen, da es zum Beispiel bei Möhren oder Salatgurken überflüssig ist, diese zu schälen: Waschen genügt.

Zur Erweiterung Ihres Low-Carb-Lebensmittelvorrates sind auch Konserven wie zum Beispiel Kidneybohnen in der Dose oder getrocknete Tomaten im Glas hervorragend geeignet.

Tipps: Einfach und schnell kochen

Verwenden Sie einen Stabmixer anstelle eines Mixers, um die anschließenden Säuberungsarbeiten so gering wie möglich zu halten.

Schreiben Sie sich für die kommende Woche am besten einen Low-Carb-Essensplan und hängen diesen gut sichtbar in der Küche auf. Einmal sorgfältig gemacht, sparen Sie sich damit eine mehrfache Planungszeit.

Achten Sie bei der Zubereitung der Gerichte darauf, so wenig Kochgeschirr wie möglich zu verwenden. So lässt sich beispielsweise eine Pfanne, in der Mandeln angebräunt werden, im Anschluss für Limettenscheiben nutzen. Das spart einen Spülvorgang.

Um sich unnötiges Suchen während des Kochens zu ersparen, ist es sinnvoll, wenn Kochutensilien wie zum Beispiel Töpfe, Schneidbretter und Messer immer einen festen Aufbewahrungsplatz in der Küche haben.

Werden Gemüse, Fisch und Fleisch klein geschnitten, verkürzt sich automatisch auch deren Garzeit.

Schreiben Sie sich für die kommende Woche am besten einen Low-Carb-Essensplan und hängen diesen gut sichtbar in der Küche auf. Einmal sorgfältig gemacht, sparen Sie sich damit eine mehrfache Planungszeit.

Salatmarinaden und Gewürzpasten können gleich in größerer Menge für mehrere Tage vorbereitet und entsprechend gekühlt aufbewahrt werden.

Lagern Sie Ihre Küchenmesser bevorzugt in einem Messerblock oder in der Nähe des Kochfeldes und des Arbeitsbereiches an Messermagneten befestigt. Das ermöglicht eine höhere Sicherheit und erspart die unnötige Sucherei.

Häufig verwendete Gewürze sollten im Idealfall im direkten Zugriffsbereich nahe des Kochfelds verstaut werden, zum Beispiel in einem Gewürzregal. Dies spart unnötige Handgriffe.

Erhitzen Sie Wasser, welches zum Beispiel zum Blanchieren von Gemüse benötigt wird, mit dem Wasserkocher: Das verkürzt die Kochzeit deutlich.

Bei einigen Lebensmitteln, zum Beispiel bei Kräutern, lohnt es sich vorzuarbeiten: Sie können gleich einen ganzen Bund (etwa frischen Koriander) kaufen und diesen in feine Streifen schneiden. Reste können dann zur Vorratshaltung in Eiswürfelbechern eingefroren werden.

Achten Sie darauf, die Zeit zwischen den Arbeitsschritten, zum Beispiel während der Garzeiten, sinnvoll zu nutzen und bereits erste Aufräum- oder Abwascharbeiten zu erledigen. Das erspart Ihnen den unliebsamen Riesenabwasch nach dem Kochen.

Verwenden Sie einen Gemüsehobel anstelle eines einfachen Messers, um so die Arbeitsschritte zu beschleunigen.

Benutzen Sie immer die Kochplatte, die zur Größe Ihrer Pfanne oder Ihres Kochtopfes passt, um einerseits eine schnelle Hitze zu bekommen und andererseits einen unnötigen Energieverlust zu vermeiden.

Übrig gebliebene Rindfleischbrühe lässt sich sehr gut in Form von Eiswürfeln bevorraten.

Ist der Topf während des Kochvorgangs mit einem Deckel verschlossen, verkürzt dies die Garzeit (zum Beispiel bei Kohlrabi) um ein Drittel.

Rollen Sie Zitronen oder Limetten vor dem Auspressen auf einem harten Untergrund und üben dabei Druck aus. Beim Auspressen kommt so anschließend schneller mehr Saft aus der Frucht.

Legen Sie für lose Rezeptblätter eine Low-Carb-Rezeptesammlung, zum Beispiel in einem Ordner, an. Griffbereit in der Küche aufbewahrt sind die Rezepte schnell zur Hand.

Haben Sie noch Restgemüse im Kühlschrank? Anstelle des Rettichs passen auch gesalzene Gurken oder Radieschen zu einem Gericht. Werden Sie flexibel.

Verwenden Sie die Verpackung von Lebensmitteln, zum Beispiel einen Feigenkarton, gleich als Müllbehälter für die Abfälle. Dies spart nicht nur wiederholte Gänge zum Abfalleimer, sondern zusätzlich auch das Abspülen der Abfallschüssel.

Volkskrankheit Diabetes weltweit auf dem Vormarsch

Ein paar Fakten zur Krankheit Diabetes und was Sie grundsätzlich darüber wissen sollten, um mit dieser Stoffwechselstörung besser umzugehen.

Fast 400 Millionen Menschen sind weltweit von Diabetes betroffen und in nur zwei Jahrzehnten soll diese Zahl noch einmal um 50 Prozent zunehmen – so die Prognose der Internationalen Diabetes Federation (IDF) Damit ist diese Krankheit eine wahre Epidemie unseres Jahrhunderts, die sich zudem mit atemberaubender Geschwindigkeit ausbreitet.

In Deutschland sind rund sechs Millionen Menschen aufgrund eines diagnostizierten Diabetes in ärztlicher Behandlung – fast 90 Prozent davon wegen eines Typ-2-Diabetes. Diese Erkrankung trat früher vorwiegend im Alter auf, Übergewicht und Bewegungsmangel sind Begleiter dieses Typs des Diabetes. Dramatisch ist auch, dass sich dieser sogenannte »Altersdiabetes« inzwischen auch rasant unter Kindern und Jugendlichen verbreitet. Besonders tückisch: Der Typ-2-Diabetes entwickelt sich schleichend und bleibt aufgrund fehlender und unspezifischer Symptome meist lange unerkannt. Daher ist die Zahl der erkrankten Menschen vermutlich deutlich höher – Schätzungen gehen von zwei bis fünf Millionen Menschen aus, die – ohne es zu wissen – an Diabetes erkrankt sind. Die Gefahr dabei: Auch ohne deutliche Symptome können sich bei einer unentdeckten Erkrankung erhebliche Folgeerkrankungen entwickeln.

Eine deutlich geringere Anzahl an Menschen leidet an Typ-1-Diabetes: Hier arbeitet das körpereigene Immunsystem gegen die insulinproduzierenden Zellen der Bauchspeicheldrüse.

BALANCE: WUNDERWERK ZUCKERSTOFFWECHSEL

Der Zuckerstoffwechsel des Menschen wird durch ein sehr komplexes System in der Balance gehalten. Denn ein Abweichen vom optimalen Wert nach oben oder unten ist lebensgefährlich – das Regelsystem eines gesunden Menschen schafft es deshalb, den Blutzucker nahezu immer innerhalb der gleichen Grenzen zu halten.

Die Senkung des Blutzuckerspiegels leistet das Hormon Insulin – gebildet in den Betazellen der Langerhans-Inseln der Bauchspeicheldrüse. Das Wirkungsprinzip ist einfach: Leber- und Muskelzellen, die mit entsprechenden Rezeptoren ausgestattet sind, erhalten das Signal, Glukose, also Traubenzucker, in das Zellinnere aufzunehmen, um sie dort zu speichern oder für die Muskelaktivität zu nutzen.

Wenn dieser Zuckerstoffwechsel aus dem Gleichgewicht gerät, spricht man von Prädiabetes bzw. Diabetes. Entweder liegt dann eine geringere Empfindlichkeit der Zellen für das Hormon Insulin, also eine Insulinresistenz, vor oder die Produktion von Insulin ist zunehmend geringer geworden. Die Folge sind längerfristig oder auch dauerhaft erhöhte Blutzuckerwerte, die ein ganzes Bündel von Folgeerkrankungen nach sich ziehen können.

UMDENKEN: OPTIMALE BLUTZUCKERWERTE DURCH WENIGER KOHLENHYDRATE

Kernproblem aller Diabetiker ist der Kohlenhydratstoffwechsel – hier gibt es inzwischen breite Übereinstimmung. Daher ist es konsequent, die Ernähung der Patienten den körperlichen Einschränkungen anzupassen. Konkret: Die Kohlenhydratzufuhr muss dauerhaft auf ein vom Körper verarbeitbares Maß reduziert werden.

Diese Einsicht brauchte Zeit. Über lange Zeit hinweg empfahlen Diabetes- und Ernährungsfachgesellschaften eine kohlenhydratreiche und fettreduzierte Ernährung. Rund die Hälfte der Energiezufuhr für Menschen mit Diabetes sollte aus Kohlenhydraten, höchstens ein Drittel aus Fett bestehen – obwohl viele Studien schon seit Jahren die Vorteile einer Diabetesernährung mit einer Reduzierung der Kohlenhydrate zugunsten von Fett und Eiweiß überzeugend nachweisen. Nach einigem Zögern schwenken Fachleute in Deutschland in ihren Ernährungsempfehlungen deutlich um. Die Fachgesellschaften sehen das Heil für Diabetiker nicht mehr ausschließlich in einer fettarmen und dabei notwendigerweise kohlenhydratlastigen Ernährung. Vielmehr erscheint eine kohlenhydratreduzierte Ernährungsweise inzwischen zumindest als gleichwertige Alternative.

Damit kommt die Low-Carb-Bewegung ins Spiel. Die positiven Auswirkungen dieser Ernährungsart, besonders auch für den Zuckerstoffwechsel, sind unübersehbar. Die Reduzierung der Kohlenhydratmenge (vor allem von zucker- und stärkereichen Lebensmitteln) lässt den Blutzuckerspiegel nach den Mahlzeiten weniger stark ansteigen – das reduziert den Insulinbedarf wirkungsvoll.

Gleichzeitig werden extreme Blutzuckerspitzen und -schwankungen vermieden. Das verhindert Heißhungerattacken, die mit überflüssigen Kalorien einhergehen. Zusammen mit einer verbesserten Fettverbrennung – dank niedrigerem Insulinspiegel – ergibt sich eine spürbare Gewichtsreduzierung.

Die gesteigerte Wirksamkeit des Insulins sorgt zudem für einen geringeren Bedarf dieses Hormons.

Diese Ernährungsart ist mit einem Bündel positiver Effekte verbunden, die weit über die Gewichtsreduzierung hinausgehen: Sämtliche Stoffwechselparameter wie Blutfettwerte, Blutdruck und Entzündungsparameter verbessern sich wirkungsvoll. Diese Effekte treten auch ohne Gewichtsverlust ein und verringern somit das Risiko für Folgeerkrankungen.

LOGI: LOW CARB MIT GENUSS FÜR JEDEN TAG

Es gibt viele verschiedene Ansätze einer Low-Carb-Ernährung. Die LOGI-Methode ist dabei eine vielfach erprobte, wissenschaftlich fundierte und moderate Form von Low Carb, bei der nicht nur die Gesundheit nachweislich profitiert, sondern die zudem auch noch alltagstauglich, abwechslungsreich und schmackhaft ist. Je nach Gesundheitszustand und körperlicher Aktivität können etwa 80 bis 130 Gramm Kohlenhydrate täglich gegessen werden. Im Gegenzug muss beim Geschmacksträger Fett nicht gespart werden. Ganz praktisch heißt das, dass auch ein bis zwei Scheiben Brot, zwei bis drei kleine Kartoffeln, ein paar Nudeln als Beilage oder auch mal ein Stückchen Schokolade in die LOGI-Kost passen. Die Basis der LOGI-Ernährung sind jedoch kalorienarme, wasser- und ballaststoffreiche Lebensmittel wie Gemüse, Salate und Pilze, die mit hochwertigen Fetten und Ölen zubereitet werden. Beim Obst werden zuckerarme Beeren sowie fettreiche Avocados, Nüsse und Saaten empfohlen. Ebenso wichtig sind eiweißreiche Sattmacher wie Eier, Fisch, Milchprodukte, Hülsenfrüchte, Fleisch und Käse. Eine Ernährung nach der LOGI-Methode ist also nicht nur kohlenhydratärmer als die übliche Nahrung, sie enthält dafür mehr Eiweiß und gesunde Fette – und natürlich reichlich Vitamine, Mineral- und Ballaststoffe. LOGI hält die Blutzucker- und damit auch die Insulinkurve niedrig und gewährleistet so, gemeinsam mit den eiweiß-, wasser- und ballaststoffreichen Lebensmitteln, eine lang anhaltende Sättigung. Aufgrund des geringen Insulinbedarfs wird die Fettverbrennung gefördert und die Fettspeicherung gehemmt. LOGI eignet sich daher nicht nur bestens zur Gewichtskontrolle, sondern ist auch die ideale Ernährungsform für Patienten mit Stoffwechselstörungen wie Typ-2-Diabetes, metabolischem Syndrom und erhöhten Blutfetten, aber auch für Normalgewichtige, die sich einfach nur gesund ernähren wollen.

DIABETESTHERAPIE: SPORT UND BEWEGUNG GEHÖREN DAZU

Zu einer wirkungsvollen Diabetestherapie gehören regelmäßige Bewegung und Sport unabdingbar dazu. Geeignet sind Ausdauer- und Krafttraining. Wenn keine gesundheitlichen Einschränkungen vorliegen, sind zweieinhalb Stunden in der Woche optimal. Natürlich sind Ausdauersportarten wie Radfahren, Joggen, Nordic Walking oder Schwimmen bestens geeignet – aber auch zügiges Gehen reicht oft völlig aus. Neu in den Fokus der Diabetologen ist in den letzten Jahren immer mehr das Krafttraining gerückt. Das Prinzip überzeugt und die Rechnung ist leicht: Je mehr Muskelmasse ein Mensch hat, desto mehr Zucker kann er verstoffwechseln. Schon im Ruhezustand ist der Grundumsatz höher, eine vielleicht erforderliche Gewichtsabnahme wird dadurch erleichtert. Krafttraining ist am wirkungsvollsten, wenn es mindestens dreimal pro Woche stattfindet und dabei alle großen Muskelgruppen berücksichtigt werden. Das geht nicht nur im Fitnessstudio. Unzählige Übungen lassen sich zu Hause ohne große Ausstattung und mit geringem Aufwand durchführen. Sorgfältige Blutzuckermessungen vor und nach dem Sport helfen, Unterzuckerungen zu vermeiden. Erster Ansprechpartner ist Ihr Arzt, er weiß, was für Sie am besten ist.

BESTE BASIS: DIE LOGI-PYRAMIDE

Den Aufbau einer guten Ernähung nach LOGI zeigt ideal die LOGI-Pyramide: Auf einen Blick haben Sie hier die ersten Empfehlungen für Ihre tägliche Lebensmittelauswahl – so ist LOGI-Ernährung kinderleicht.

Gesunde Grundlage der LOGI-Ernährung sind Gemüse, Salate und Pilze sowie vorwiegend zuckerarme Früchte wie etwa Beeren. Wichtig auch hochwertige Fette und Öle wie Rapsöl, Olivenöl, Butter und Leinöl. Sie sind Lieferanten wertvoller Fettsäuren, Transporteure fettlöslicher Vitamine und vor allem sind sie Geschmacksträger. Für eine gute Eiweißversorgung sorgen Fleisch, Geflügel und Fisch sowie Milch und Milchprodukte. Auch gut ins LOGI-Konzept passen Nüsse und Hülsenfrüchte. Etwas vorsichtiger sollten Sie bei Brot und Backwaren sein: Hier sollte die Vollkornvariante bevorzugt werden. Denn durch den Ballaststoffgehalt steigt der Blutzucker etwas langsamer an – und die Sättigung ist besser als bei der »leeren« Weißmehlvariante. Entscheidend ist die Menge! Ein bis zwei Scheiben Vollkornbrot oder eine kleine Portion Backwaren sollten am Tag genügen. Kleine Portionen – das gilt auch für Kartoffeln oder Nudeln, am besten al dente zubereitet. Zwar sind Baguette, Toast, Weißbrot, Backwaren, Süßigkeiten oder gesüßte Getränke nicht komplett vom Speiseplan gestrichen – weil sie den Blutzucker schnell in die Höhe treiben, sollten sie aber nur selten verzehrt werden. Mit der LOGI-Low-Carb-Ernährung verhindern Sie starke Blutzuckeranstiege und -schwankungen und entsprechend hohe Insulinausschüttungen. Low-Carb-Ernährung nach LOGI unterstützt Ihren Stoffwechsel optimal – für mehr Gesundheit, Leistungsfähigkeit und Wohlbefinden.

SELTEN:

Verarbeitetes Getreide (Weißmehl), Süßigkeiten.

WENIG:

Vollkornprodukte, Kartoffeln, Nudeln, Reis und Mais.

HÄUFIG:

Milchprodukte, Eier, mageres Fleisch, Geflügel, Fisch, Nüsse und Hülsenfrüchte.

OFT:

Obst und stärkefreies Gemüse, zubereitet mit Öl.

Die Original-LOGI-Pyramide nach Dr. Worm, Stand 2019, publiziert in den Büchern zur LOGI-Methode bei systemed.
Abdruck nur mit ausdrücklicher Genehmigung von systemed.

Rezepte

ANZAHL PORTIONEN
VORBEREITUNGSZEIT
GARZEIT
KÜHLZEIT

TIPP: Für die Zubereitung Ihres grünen Smoothie brauchen Sie unbedingt einen Standmixer mit einem starken Motor. Ein Stabmixer ist hierfür leider nicht geeignet. Grüne Smoothies enthalten eine geballte Ladung an Vitaminen, Nährstoffen und Antioxidantien und lassen sich prima vorbereiten.

Powersmoothie

2 PORTIONEN **10 MINUTEN**

Zutaten: 300 g junger Spinat oder Feldsalat | 100 g Erdbeeren (frisch oder TK) | ½ Stangensellerie (mit Kraut) | ½ reife druckweiche Avocado | ½ Bio-Limette | ½ Bio-Zitrone | 1 Zweig Pfefferminze | 1 TL Rooibosblätter | einige Eiswürfel | etwas Wasser nach Bedarf

1 Den Spinat gut waschen.

2 Die Erdbeeren vom Strunk befreien, waschen und halbieren oder auftauen.

3 Den Stangensellerie (mit Kraut) putzen und in Ringe schneiden.

4 Die Avocado halbieren. Das Fruchtfleisch einer Hälfte aus der Schale lösen und in Stücke schneiden. (Die andere Hälfte bis zur weiteren Verwendung mit dem Stein im Fruchtfleisch zugedeckt kühl stellen.)

5 Von den Limetten- und Zitronenhälften jeweils zwei dünne Scheiben abschneiden und beiseitelegen. Anschließend die Limetten- und Zitronenhälften auspressen. Die Pfefferminzblätter vom Stiel befreien.

6 Alle Zutaten, inklusive der Rooibosblätter, mit einigen Eiswürfeln in den Standmixer geben und diesen ungefähr 1 Minute auf höchster Stufe laufen lassen. Je nach gewünschter Konsistenz Wasser zufügen.

7 Den Smoothie in 2 hohe Gläser gießen und mit je einer Zitronen- und Limettenscheibe garnieren.

Nährwertangaben: 1 Portion (bei insgesamt 2 Portionen):
151 kcal | 3,69 g Eiweiß | 9,6 g Fett | 11,6 g Kohlenhydrate | 0,97 BE

Zutaten:

1 vorgedämpfte Rote Bete (circa 250 g)

½ Lollo rosso

1 daumengroßes Stück frischer Ingwer

30 g Rettichsprossen

150 g Heidelbeeren (TK)

200 ml Buttermilch

Roter Gemüseshake

2 PORTIONEN **10 MINUTEN**

1 Die Rote Bete in kleine Stücke schneiden. Den Lollo rosso waschen und trocken schleudern. Die Blätter in kleine Stücke schneiden. Den Ingwer schälen und auf der feinen Raffel reiben. Die Rettichsprossen kurz kalt abspülen und trocken tupfen.

2 Die Beeren zusammen mit den vorbereiteten Zutaten und wenig Buttermilch in einen Standmixer geben und kurz durchmixen. Danach die restliche Buttermilch dazugießen und den Mixer auf höchster Stufe ungefähr 1 Minute laufen lassen.

3 Den fertigen Shake in 2 hohe Gläser füllen.

Nährwertangaben: 1 Portion (bei insgesamt 2 Portionen):
172 kcal | 8,9 g Eiweiß | 2,1 g Fett | 28,4 g Kohlenhydrate | 2,37 BE

TIPP: Verwenden Sie anstelle der Himbeeren 200 Milliliter frisch gepressten Orangensaft.

Himbeerkokosmilch

2 PORTIONEN **5 MINUTEN**

Zutaten: 300 g Himbeeren | 1 Zweig Zitronenmelisse | ½ Bio-Zitrone | 150 ml Kokosmilch

1 Die Himbeeren waschen und verlesen.

2 Die Zitronenmelisse waschen, die Blättchen vom Stiel zupfen, einige Blättchen für die Dekoration zur Seite legen und den Rest fein hacken.

3 Die Zitronenhälfte auspressen.

4 Alle Zutaten mit der Kokosmilch im Standmixer oder mit dem Stabmixer fein pürieren.

5 In zwei Gläser füllen, mit den restlichen Zitronenmelisseblättchen bestreuen.

Nährwertangaben: 1 Portion (bei insgesamt 2 Portionen):
196 kcal | 3,67 g Eiweiß | 14,98 g Fett | 10,4 g Kohlenhydrate | 0,87 BE

Zutaten:

1 Papaya (circa 300 g)

1 Blutorange (circa 120 g)

1 Limette

1 Scheibe ungezuckerte Ananas (circa 50 g, frisch oder aus der Dose)

2 Chicorée (circa 200 g)

30 g Mungobohnensprossen

1 EL Leinöl

etwas Wasser nach Bedarf

Papayashake

2 PORTIONEN **10 MINUTEN**

1 Die Papaya halbieren, die Kerne mit einem Löffel ausschaben, schälen und anschließend in kleine Stücke schneiden.

2 Die Blutorangen schälen und die Spalten voneinander lösen. Die Limette halbieren, 2 dünne Scheiben abschneiden, den Rest auspressen. Die Ananasscheibe in Stücke schneiden.

3 Den Chicorée küchenfertig vorbereiten und in Streifen schneiden. Die Mungobohnensprossen kalt abspülen.

4 Alle Zutaten inklusive Leinöl in einen Standmixer geben und diesen zuerst auf niedrigster, danach ungefähr 1 Minute auf höchster Stufe laufen lassen. So viel Wasser hinzugeben, bis die gewünschte Konsistenz erreicht ist.

5 Den fertigen Shake in zwei Gläser füllen und mit den Limettenscheiben garnieren.

Nährwertangaben: 1 Portion (bei insgesamt 2 Portionen):
130 kcal | 343 g Eiweiß | 5,8 g Fett | 15,1 g Kohlenhydrate | 1,26 BE

SUPPEN, VORSPEISEN, SALATE

Asiatische Curry-Frühlingszwiebel-Suppe

4 PORTIONEN | 10 MINUTEN | 10 MINUTEN

Zutaten: 8 große Gemüsezwiebeln | 4 EL Erdnussöl | 500 ml Geflügelbrühe | 3 EL Worcestersoße | 200 ml ungesüßte Kokosmilch | 1 Stängel Zitronengras | 2 EL Currypaste | Ingwerpulver, Salz und Pfeffer nach Geschmack | 8 Frühlingszwiebeln

1 Zwiebeln schälen, halbieren und in feine Halbmonde schneiden. Erdnussöl in einem Topf erhitzen und die Zwiebeln darin circa 2–3 Minuten glasig dünsten.

2 Die Zwiebeln mit der Geflügelbrühe angießen und die Worcestersoße sowie die Kokosmilch einrühren.

3 Das Zitronengras waschen, trocknen, den weißen Teil fein hacken und in die Suppe geben. Diese bei geringer Hitze weitere 8 Minuten köcheln lassen. Die Suppe anschließend mit der Currypaste, Ingwerpulver, Salz und Pfeffer würzen. Frühlingszwiebeln waschen und in feine Ringe schneiden.

4 Die Suppe in tiefe Teller füllen, die Frühlingszwiebeln darüberstreuen und servieren.

Nährwertangaben: 1 Portion (bei insgesamt 4 Portionen):
348 kcal | 7,9 g Eiweiß | 20,4 g Fett | 30,7 g Kohlenhydrate | 2,56 BE

Zutaten:

500 ml Geflügelbrühe

50 g Butter

500 g Erbsen (TK)

200 ml Wasser

300 ml Sahne

½ Bund frischer Kerbel

4 EL Hüttenkäse

Weitere Zutaten: Muskat, Salz und Pfeffer nach Geschmack

Erbsensuppe mit Kerbel und Hüttenkäse

4 PORTIONEN **10 MINUTEN** **10 MINUTEN**

1 Geflügelbrühe und Butter in einen großen Topf geben und aufkochen lassen. Die Erbsen hinzufügen und etwa 5 Minuten köcheln lassen. Die Zutaten anschließend mit einem Stabmixer pürieren.

2 Das Wasser zusammen mit der Sahne in das Erbsenpüree einrühren, weitere 5 Minuten köcheln lassen und mit Muskat, Salz und Pfeffer abschmecken.

3 Den Kerbel waschen, trocken schütteln, fein hacken und unter die Suppe rühren.

4 Die Suppe zum Servieren in tiefe Teller geben und jeweils mit einem Klecks Hüttenkäse dekorieren.

Nährwertangaben: 1 Portion (bei insgesamt 4 Portionen):
441 kcal | 11,9 g Eiweiß | 33,9 g Fett | 18,6 g Kohlenhydrate | 1,55 BE

Gemüse-Speck-Muffins mit Cremedip

8 PORTIONEN **10 MINUTEN** **12 MINUTEN**

Zutaten: 2 Zwiebeln | 2 rote Paprikaschoten | 1 grüne Paprikaschote | ¼ Bund frischer Schnittlauch | 100 g geräucherter Schinken (8 Scheiben) | 5 Eier (Größe L) | 8 dünne Scheiben Frühstücksspeck | 4 EL Crème fraîche | Salz, Pfeffer, Muskat, Chilipulver nach Geschmack

1 Backofen auf 180 °C (Umluft) vorheizen.

2 Für die Muffins zunächst die Zwiebeln schälen und in feine Würfel schneiden. Paprikaschoten halbieren, zunächst Kerne und weiße Häutchen entfernen, anschließend waschen und in feine kleine Würfel schneiden. Schnittlauch waschen, trocken schütteln und in Röllchen schneiden. Den Schinken in dünne Streifen schneiden.

3 Die Eier in einem Glas aufschlagen und mit einer Gabel verquirlen. Die Muffinförmchen jeweils mit einer Scheibe Speck auslegen.

4 Die Eier und die vorbereiteten Zutaten gleichmäßig auf die Förmchen verteilen. Die Muffins im Backofen (Mitte) 10–12 Minuten backen, bis die Eimasse fest gestockt ist.

5 Zum Servieren die Crème fraîche mit Salz, Pfeffer, Muskat, Chilipulver würzen und jeweils einen Klecks zu den Muffins geben.

Nährwertangaben: 1 Muffin mit Dip (bei insgesamt 8 Muffins und 8 Portionen Dip):
586 kcal | 41,9 g Eiweiß | 37,9 g Fett | 15,2 g Kohlenhydrate | 1,27 BE

Zutaten:

100 g Weintrauben (hell)

150 g Feta

200 g grüne Oliven (ohne Stein)

600 g gelbe Zucchini

2 Köpfe Lollo rosso

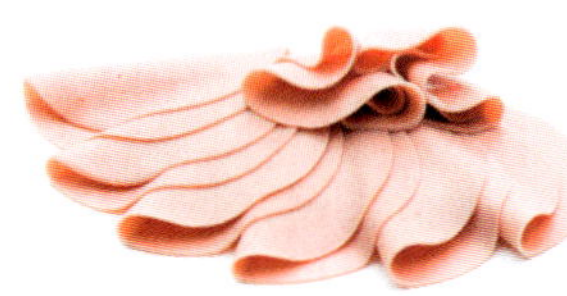

200 g geräucherter Puten-
schinken (circa 6 Scheiben)

Zutaten für das Dressing: 2 EL Himbeeressig | 4 EL Olivenöl | 1 TL Dijon Senf | 5 g getrockneter Oregano | Salz und Pfeffer nach Geschmack

CLEVER UND ZEITSPAREND VORBEREITEN: Schreiben Sie sich für die kommende Woche am besten einen Low-Carb-Essensplan und hängen diesen gut sichtbar in der Küche auf. Einmal sorgfältig gemacht, sparen Sie sich damit eine mehrfache Planungszeit.

Zucchinisalat mit Fetakäse und Putenschinkenstreifen

4 PORTIONEN **20 MINUTEN**

1 Essig, Öl, Senf, Oregano, Salz und Pfeffer zu einem Dressing verrühren.

2 Weintrauben waschen, von der Rebe lösen und halbieren. Feta grob zerbröckeln. Oliven abtropfen lassen und in Scheiben schneiden. Zucchini waschen, Enden abschneiden und mit einer Gemüsereibe in Stifte hobeln.

3 Die Weintrauben mit dem Feta, den Olivenscheiben und den Zucchinistiften mischen. Das Dressing dazugeben und nochmals vermengen.

4 Den Lollo rosso in mundgerechte Stücke pflücken, waschen und in einem Sieb abtropfen lassen. Den Putenschinken in feine Streifen schneiden.

5 Die Salatblätter dekorativ auf Tellern anrichten, den Zucchinisalat darauf verteilen, die Putenschinkenstreifen darüberstreuen und servieren.

Nährwertangaben: 1 Portion (bei insgesamt 4 Portionen):
371 kcal | 24,2 g Eiweiß | 24,0 g Fett | 12,0 g Kohlenhydrate | 1 BE

Nährwertangaben: 1 Portion (bei insgesamt 2 Portionen):

512 kcal | 22,8 g Eiweiß | 38,9 g Fett | 13,8 g Kohlenhydrate | 1,15 BE

Käsebällchen mit Blattsalaten

2 PORTIONEN **20 MINUTEN**

Zutaten: ½ Bund Kerbel | ½ Bund Schnittlauch | 20 g Cashewkerne | 20 g Sesamsamen | 2 EL Rapsöl | 2 EL Aceto balsamico (hell) | ½ TL grober Senf | Meersalz, Pfeffer aus der Mühle | 150 g mittelreifer Camembert | 1 Msp. Currypulver | 1 Msp. Paprikapulver | 400 g gemischter Blattsalat oder Feldsalat | 50 g Kresse

1 Kerbel und Schnittlauch kurz kalt abspülen und trocken tupfen. Den Kerbel mit einem scharfen Messer klein, den Schnittlauch mit der Küchenschere in dünne Ringe schneiden.

2 Die Cashewkerne mit dem Multizerkleinerer oder mit einem großen Küchenmesser sehr klein schneiden.

3 Die vorbereiteten Zutaten sowie die Sesamsamen in verschiedene kleine Schälchen geben.

4 Die Rinde des Weichkäses wegschneiden, den Käse grob in Stücke schneiden und mit einer Gabel zerdrücken. In zwei Portionen teilen. In jeweils eine Portion das Curry- bzw. Paprikapulver geben und alles gut vermischen.

5 Mit kalt abgespülten, noch leicht feuchten Händen kleine Kugeln formen und diese sofort in den verschiedenen Kräutern, Samen und Kernen wenden. Kühl stellen.

6 Aus Öl, Essig, Senf sowie Salz und Pfeffer eine Salatsoße zubereiten.

7 Den Salat küchenfertig putzen, zusammen mit der Kresse waschen und trocken schleudern.

8 Blattsalat und Kresse kurz mit dem Dressing vermischen und auf tiefen Tellern anrichten. Die Käsebällchen auf den Salat verteilen und servieren.

Zutaten:

600 g frischer Blattspinat (Frühlings- oder Sommerspinat)

200 g Radicchio

400 g Pfifferlinge

2 EL Olivenöl

Weitere Zutaten: Salz und Pfeffer nach Geschmack

Zutaten für das Dressing: 3 EL Joghurt (1,5 % Fett) | 2 EL Aceto balsamico (hell) | 2 EL Olivenöl | Saft einer ½ Limette | 1 Birne (zum Beispiel Wiliams Christ) | Salz und Pfeffer nach Geschmack

CLEVER UND ZEITSPAREND KOCHEN: Salatmarinaden und Gewürzpasten können gleich in größerer Menge für mehrere Tage vorbereitet und entsprechend gekühlt aufbewahrt werden.

Spinatsalat mit gebratenen Pfifferlingen

4 PORTIONEN **10 MINUTEN** **5 MINUTEN**

1 Für das Dressing Joghurt, Essig, Öl und Limettensaft in einer Schüssel vermengen. Die Birne vierteln, das Kerngehäuse entfernen, schälen, in grobe Stücke schneiden und zu den anderen Zutaten geben. Das Ganze mit einem Stabmixer pürieren und mit Salz und Pfeffer abschmecken.

2 Den Spinat waschen, trocken schleudern und von Stielen befreien. Den Radicchio waschen, vom Strunk befreien und in feine Streifen schneiden.

3 Die Pfifferlinge putzen, feucht abreiben und in Streifen schneiden.

4 Öl in einer Pfanne erhitzen und die Pfifferlinge darin circa 2–3 Minuten scharf anbraten. Mit Salz und Pfeffer würzen.

5 In der Zwischenzeit den Spinat und den Radicchio mit dem Dressing vermengen und auf Tellern anrichten. Die gebratenen Pfifferlinge darübergeben und servieren.

Nährwertangaben: 1 Portion (bei insgesamt 4 Portionen):
195 kcal | 3,9 g Eiweiß | 15,2 g Fett | 9,2 g Kohlenhydrate | 0,77 BE

CLEVER UND ZEITSPAREND EINKAUFEN: Sie können sich den Kerbel gerne in Form einer Topfpflanze (entspricht circa 2 Bund) anschaffen, da er eine schmackhafte Zutat in mehreren Rezepten in diesem Ratgeber ist und Sie somit nicht jedes Mal aufs Neue einen frischen Bund kaufen brauchen.

Salatherzen mit gebratenem Tofu

4 PORTIONEN **10 MINUTEN** **10 MINUTEN**

Zutaten: 400 g geräucherter Tofu | 100 g schwarze Oliven (ohne Stein) | 100 g getrocknete Tomaten (in Öl) | 200 g Sojasprossen | 100 g Walnüsse | 2 EL Rapsöl | Currypulver, Salz und Pfeffer nach Geschmack | 6 Köpfe Römersalat | 1 EL Sojasoße | 1 EL Aceto balsamico (dunkel) | ½ Bund frischer Kerbel

1 Tofu in 1 cm große Würfel schneiden. Oliven abtropfen lassen und vierteln. Tomaten abtropfen lassen und in feine Streifen schneiden. Sojasprossen kurz unter fließendem Wasser abspülen.

2 Eine beschichtete Pfanne erhitzen, die Walnüsse darin circa 1 Minute ohne Fett anrösten und danach aus der Pfanne nehmen.

3 Anschließend Öl in die heiße Pfanne geben, den Tofu circa 1–2 Minuten scharf anbraten und mit Curry, Salz und Pfeffer würzen. Sojasprossen, Oliven und Tomaten dazugeben und weitere 4–5 Minuten braten.

4 Zwischenzeitlich den Römersalat in Blätter teilen. Diese waschen, abtropfen lassen und auf den Serviertellern auslegen.

5 Den Tofumix mit der Sojasoße und dem Balsamicoessig abschmecken und auf dem Römersalat verteilen.

6 Den Kerbel waschen, zupfen und zusammen mit den Walnusskernen über den Tofu streuen.

Nährwertangaben: 1 Portion (bei insgesamt 4 Portionen):
571 kcal | 33,9 g Eiweiß | 37,2 g Fett | 21,0 g Kohlenhydrate | 1,75 BE

Zutaten:

3 Eier (Größe L)

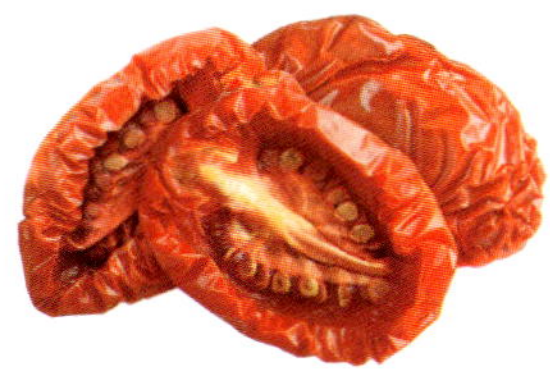

150 g getrocknete Tomaten (ohne Öl)

2 Zwiebeln

1 Bund frischer Schnittlauch

1,5 kg frischer Spargel

60 g Erdnüsse

5 EL Rapsöl

1 EL Aceto balsamico (hell)

250 g Schinkenspeck (in Scheiben)

Weitere Zutaten: 4 EL Spargelkochwasser | Salz und Pfeffer nach Geschmack

CLEVER UND ZEITSPAREND KOCHEN: Benutzen Sie immer die Kochplatte, die zur Größe Ihrer Pfanne oder Ihres Kochtopfes passt, um einerseits eine schnelle Hitze zu bekommen und andererseits einen unnötigen Energieverlust zu vermeiden.

Spargel im Schinkenspeckmantel

4 PORTIONEN **10 MINUTEN** **15 MINUTEN**

1 Eier circa 8 Minuten hart kochen, abschrecken, schälen und grob würfeln. Tomaten in feine Streifen schneiden. Zwiebeln schälen und fein würfeln. Schnittlauch waschen und in feine Röllchen schneiden.

2 Den Spargel schälen und die Enden circa 2 cm abschneiden. Den Spargel in reichlich Salzwasser circa 8–10 Minuten kochen (Hinweis: Etwas Kochwasser wird gleich noch für die Marinade benötigt!) Anschließend in kaltem Wasser abschrecken.

3 Die Erdnüsse fein hacken und zusammen mit den Tomaten, den Zwiebeln und den Eiern vermengen. 3 EL Öl, Balsamicoessig und Spargelkochwasser hinzufügen und mit Salz und Pfeffer würzen.

4 Den Spargel mit dem Schinkenspeck umwickeln. 2 EL Öl in einer Pfanne erhitzen und die Spargelröllchen darin circa 2–3 Minuten anbraten.

5 Die Spargelröllchen auf Tellern anrichten, die Tomaten-Eier-Marinade daraufgeben und servieren.

Nährwertangaben: 1 Portion (bei insgesamt 4 Portionen):
473 kcal | 33,9 g Eiweiß | 25,3 g Fett | 21,0 g Kohlenhydrate | 1,75 BE

Zutaten:

1 großer Knollensellerie (circa 600 g)

1,2 kg Rosenkohl

80 g Pekannüsse

1 EL Olivenöl

2 EL Crème fraîche

Weitere Zutaten: Muskat, Salz und Pfeffer nach Geschmack

TIPP: Die Pekannüsse sind Früchte des Hickorybaumes, der in den USA und Mexiko beheimatet und eng mit dem Walnussbaum verwandt ist. Die Nüsse enthalten nur 4,4 g Kohlenhydrate pro 100 g.

Gerösteter Rosenkohl mit Pekannüssen

4 PORTIONEN **10 MINUTEN** **10 MINUTEN**

1 Den Sellerie waschen, schälen und in feine Streifen schneiden.

2 Rosenkohl putzen, waschen und den Strunk kreuzweise einschneiden. Die Kohlröschen in einem Topf mit 1 Liter Salzwasser ca. 10 Minuten garen. 2 Minuten vor Ende der Garzeit die Selleriestreifen dazugeben und mitgaren. Anschließend das Gemüse mit kaltem Wasser abschrecken und in einem Sieb abtropfen lassen.

3 In der Zwischenzeit die Pekannüsse grob hacken und in einer großen Pfanne ohne Fett anrösten, dann aus der Pfanne nehmen und beiseitestellen.

4 Nun in der gleichen Pfanne den Rosenkohl und die Selleriestreifen mit Öl circa 6–8 Minuten anbraten. Mit Muskat, Salz und Pfeffer würzen.

5 Kurz vor Ende der Garzeit die Crème fraîche unterheben. Zum Servieren die Rosenkohlpfanne mit den Pekannüssen bestreuen.

Nährwertangaben: 1 Portion (bei insgesamt 4 Portionen):
343 kcal | 18,0 g Eiweiß | 21,7 g Fett | 16,3 g Kohlenhydrate | 1,36 BE

TIPP: Chat Masala ist eine indische Gewürzmischung. Alternativ dazu können Sie auch Currypaste verwenden. In Asien ist Tamarindenpaste eine Speisezutat wie bei uns der Zitronensaft. Sie können diesen auch stattdessen verwenden.

Gebackene süßsaure rote Bohnen

4 PORTIONEN **10 MINUTEN** **15 MINUTEN**

Zutaten: 2 Dosen Baked Beans (circa 500 g Abtropfgewicht) | 2 EL Tamarindenmark (Reformhaus) | 100 ml Wasser | 2 Zwiebeln | 2 Knoblauchzehen | 1 Stück frischer Ingwer (walnussgroß) | 1 frische Chilischote | 4 EL Chiliöl | 2 EL gemahlener Koriander | 2 EL gemahlener Kreuzkümmel | 300 g stückige Tomaten (Dose) | 1 TL brauner Zucker | Salz nach Geschmack | 1 TL Chat Masala (erhältlich in orientalischen Lebensmittelgeschäften)

1 Baked Beans in ein Sieb schütten und mit kaltem Wasser abspülen, danach abtropfen lassen. Das Tamarindenmark mit 100 ml kochendem Wasser übergießen und 15 Minuten ziehen lassen.

2 Inzwischen die Zwiebeln und den Knoblauch schälen und fein würfeln. Den Ingwer ebenfalls schälen und fein reiben. Die Chilischote waschen, Kerngehäuse entfernen, entstielen und fein würfeln.

3 Chiliöl in einer Pfanne (oder im Wok) erhitzen und darin die Zwiebeln circa 1–2 Minuten anbraten. Knoblauch, Ingwer und Chilischote dazugeben und weitere 2 Minuten mitbraten. Koriander und Kreuzkümmel darüberstreuen, stückige Tomaten dazugeben und unterrühren.

4 Das Tamarindenmark zusammen mit der Flüssigkeit mit dem Löffel durch ein feines Sieb streichen und direkt in die Pfanne oder den Wok geben. Mit braunem Zucker und Salz würzen. Ohne Deckel circa 10–15 Minuten einkochen lassen, dabei ständig umrühren.

5 Die Baked Beans dazugeben und bei kleiner Hitze noch circa 5 Minuten ziehen lassen. Das Chat Masala unter die Beans rühren und alles servieren.

Nährwertangaben: 1 Portion (bei insgesamt 4 Portionen):
279 kcal | 10,0 g Eiweiß | 14,8 g Fett | 24,4 g Kohlenhydrate | 2,03 BE

TIPP: Für eine Extraportion Eiweiß können Sie 100 Gramm Speisequark zusätzlich verwenden.

Salatwrap

4 PORTIONEN **10 MINUTEN** **5 MINUTEN**

Zutaten: 200 g körniger Frischkäse | 2 frische Chilischoten | 2 Avocados | 2 EL Olivenöl | 2 TL Sojasoße | Salz und Pfeffer nach Geschmack | 1 Bund frische Blattpetersilie | 300 g Rote-Bete-Sprossen | 200 g Speisequark (Magerstufe) | 1 EL Birnendicksaft | ½ TL Currypulver | 8 große Eisbergsalatblätter | 4 Streifen Aluminiumfolie

1 Den Hüttenkäse auf ein Sieb gießen und gut abtropfen lassen. Chilischoten halbieren, die Kerne entfernen und die Schoten in feine Streifen schneiden. Avocados halbieren, die Kerne herauslösen, die Schale entfernen und das Fruchtfleisch in 1 cm große Würfel schneiden.

2 Das Öl in einer Pfanne erhitzen und den Hüttenkäse mit den Chilistreifen und den Avocadowürfeln darin circa 1–2 Minuten von allen Seiten anbraten. Mit Sojasoße, Salz und Pfeffer würzen. Anschließend aus der Pfanne nehmen und in eine Schüssel geben.

3 Petersilie waschen, trocken schütteln, entstielen und fein hacken. Rote-Bete-Sprossen waschen und zusammen mit dem Quark, dem Birnendicksaft und der Petersilie zu dem Hüttenkäse geben und alles gut vermischen. Mit Currypulver, Salz und Pfeffer würzen.

4 Die Eisbergsalatblätter waschen, trocken schütteln und jeweils zwei Blätter für einen Wrap übereinanderlegen.

5 Die Masse gleichmäßig darauf verteilen und zu einem Wrap einrollen. Anschließend das untere Drittel des Wraps mit Aluminiumfolie umwickeln und servieren.

Nährwertangaben: 1 Portion (bei insgesamt 4 Portionen):
410 kcal | 17,7 g Eiweiß | 28,4 g Fett | 17,9 g Kohlenhydrate | 1,49 BE

INFO: Kichererbsen bestehen zu knapp 20 % aus Eiweiß und sind somit eine wertvolle Proteinquelle. Sie tragen außerdem zur Deckung des Bedarfs an Mineralstoffen wie Eisen, Zink und Magnesium sowie verschiedener Vitamine bei (Vitamin A und B-Vitamine). Aufgrund des hohen Eiweiß- und Ballaststoffanteils sättigen sie gut und lange.

Nährwertangaben: 1 Portion (bei insgesamt 4 Portionen):
490 kcal | 31,3 g Eiweiß | 27,5 g Fett | 44,7 g Kohlenhydrate | 3,73 BE

Gefüllte Gemüsezwiebeln

4 PORTIONEN **10 MINUTEN** **35 MINUTEN**

Zutaten: 8 große Gemüsezwiebeln | 240 g Kichererbsen (Dose, Abtropfgewicht) | 200 g Tomaten | ½ Bund frische Petersilie | 4 Knoblauchzehen | 150 g körniger Frischkäse | 40 g Tomatenmark | 2 Eier (Größe L) | 80 g gemahlene Mandeln | ½ TL gemahlener Kreuzkümmel | Salz, Pfeffer, Paprikapulver nach Geschmack | 4 EL Crème fraîche | 80 g Hartkäse (zum Beispiel Parmesan)

1 Zwiebeln schälen. Einen Topf Salzwasser zum Kochen bringen und die Zwiebeln darin circa 10 Minuten köcheln lassen. Anschließend in einem Sieb abtropfen und abkühlen lassen.

2 Backofen auf 180 °C Umluft vorheizen.

3 Für die Füllung zunächst die Kichererbsen in ein Sieb abgießen. Tomaten waschen, Strunk entfernen und das Tomatenfleisch in feine Würfel schneiden. Petersilie waschen, trocken schütteln und fein hacken. Knoblauch schälen und fein würfeln.

4 Den Frischkäse ausdrücken. Nun in einer Schüssel Kichererbsen, Tomatenwürfel, Petersilie, Knoblauch und Frischkäse mit Tomatenmark, Eiern und Mandeln vermischen. Die Masse mit Kreuzkümmel, Salz, Pfeffer und Paprikapulver abschmecken.

5 Von den Zwiebeloberseiten jeweils einen kleinen Deckel abschneiden und die Zwiebeln bis auf zwei oder drei äußere Schichten aushöhlen. Das herausgelöste Zwiebelfleisch sowie die Deckel fein würfeln und unter die Kichererbsenmasse mischen.

6 Die Zwiebeln mit der Masse füllen und nebeneinander in eine hitzebeständige Form stellen.

7 Die verbleibende Masse mit Crème fraîche und Hartkäse mischen und auf den Zwiebeln verteilen. Die Zwiebeln im Backofen (Mitte) circa 30–35 Minuten backen, bis das Topping schön gebräunt ist.

TIPP: Anstelle der Steinpilze lässt sich das Gericht auch mit Kräuterseitlingen oder Egerlingen zubereiten.

TIPP: Um den Eiweißanteil zu erhöhen, können Sie 100 Gramm körnigen Hüttenkäse dazugeben.

Rucola-Süßkartoffelpfanne

4 PORTIONEN | **10 MINUTEN** | **10 MINUTEN**

Zutaten: 200 g Rucola | 400 g Steinpilze | 2 Bund Frühlingszwiebeln | 3 Thymianzweige | 3 EL Olivenöl | 50 g geröstete Walnüsse | 300 g Süßkartoffeln | 1 EL Aceto balsamico (hell) | grobes Meersalz und Pfeffer nach Geschmack

1 Rucola verlesen, waschen und abtropfen lassen. Steinpilze kurz waschen und vierteln. Frühlingszwiebeln waschen, vom Wurzelwerk befreien und in feine Röllchen schneiden. Thymianblättchen von den Zweigen abzupfen.

2 2 EL Öl in einer Pfanne erhitzen und die Steinpilze darin circa 2–3 Minuten scharf anbraten. Walnüsse, Thymian und Frühlingszwiebeln dazugeben und 1–2 Minuten mit anbraten.

3 Währenddessen die Süßkartoffeln schälen und in 1 cm dicke Würfel schneiden. Die Süßkartoffeln nun ebenfalls in die Pfanne geben und weitere 4–5 Minuten mitbraten.

4 Mit Balsamicoessig, dem restlichen Olivenöl, Salz und Pfeffer würzen.

5 Zum Servieren den Rucola unterheben und das Gericht nochmals mit Pfeffer und Meersalz nachwürzen.

Nährwertangaben: 1 Portion (bei insgesamt 4 Portionen):
351 kcal | 8,9 g Eiweiß | 19,6 g Fett, | 32,0 g Kohlenhydrate | 2,67 BE

TIPP: Wer die Rösti nicht pur essen mag, kann sie mit einem Dip aus Quark, Paprika und Gewürzen und/oder einem kleinen Beilagensalat kombinieren.

Zucchinirösti

4 PORTIONEN | **10 MINUTEN** | **5 MINUTEN**

Zutaten: 2 Knoblauchzehen | 150 g Emmentaler | 650 g Zucchini | 4 Eier (Größe M) | 60 g Mandelblättchen | Salz, Pfeffer, Oregano, Paprikapulver | 3 EL Rapsöl

1 Den Knoblauch schälen und in feine Würfel schneiden. Den Käse reiben. Die Zucchini waschen und anschließend fein raspeln.

2 Knoblauch, Käse, Zucchini, Eier und Mandeln in einer Schüssel vermengen und mit Salz, Pfeffer, ½ TL Oregano und Paprikapulver würzen.

3 In einer großen Pfanne das Rapsöl erhitzen und darin die Rösti circa 2–3 Minuten von jeder Seite goldbraun ausbacken.

4 Die Zucchinirösti anschließend auf Tellern anrichten und servieren.

Nährwertangaben: 1 Portion (bei insgesamt 4 Portionen):
430 kcal | 21,8 g Eiweiß | 33,9 g Fett | 6,1 g Kohlenhydrate | 0,51 BE

Zutaten:

6 Kohlrabi (Stück à 150 g)

300 g Steckrübe

200 g Petersilienwurzeln

1 Liter Gemüsebrühe

200 g grüne Erbsen

1 Bund Petersilie

Weitere Zutaten: Salz, Pfeffer

TIPP: Haben Sie vom Vortag noch gekochtes Rindfleisch oder Kassler? Dann können Sie es in kleine Stücke geschnitten mit in den Eintopf geben. Dieses Gericht lässt sich gut auf Vorrat vorkochen und später einfach erwärmen.

Veggie-Eintopf

4 PORTIONEN **10 MINUTEN** **25 MINUTEN**

1 Kohlrabi schälen und in grobe Würfel schneiden. Steckrübe und Petersilienwurzeln ebenfalls schälen und in etwas kleinere Würfel schneiden.

2 In einem ausreichend großen Topf die Brühe zum Kochen bringen. Steckrübe, Kohlrabi und Petersilienwurzeln zufügen und alles langsam circa 12–15 Minuten kochen lassen. Dann die Erbsen hinzugeben, das Ganze wieder aufkochen lassen und den Eintopf weitere 10 Minuten kochen. Mit Salz und Pfeffer abschmecken.

3 Die Petersilie waschen, trocken schütteln, fein hacken und vor dem Servieren über den Eintopf geben.

Nährwertangaben: 1 Portion (bei insgesamt 4 Portionen):
149 kcal | 10,7 g Eiweiß | 1,1 g Fett | 23,1 g Kohlenhydrate | 1,93 BE

Blumenkohl-Linsencurry

4 PORTIONEN | 10 MINUTEN | 30 MINUTEN

Zutaten: 1 Blumenkohl (circa 1 kg) | 200 g Möhren | 1 Staudensellerie (circa 300 g) | 2 Pflaumen | 2 EL Rapsöl | 120 g getrocknete Puy Linsen | Currypulver, Salz, Pfeffer | 500 ml Gemüsebrühe | ½ Bund frische Blattpetersilie | 500 g Kefir

1 Den Blumenkohl in kleine Röschen schneiden, waschen und mit einem Mixer fein mixen. Die Möhren putzen, waschen, längs halbieren und in Halbmonde schneiden. Den Staudensellerie waschen, halbieren und in feine Streifen schneiden. Die Pflaumen waschen, entsteinen und ebenfalls in Streifen schneiden.

2 Das Öl in einem Topf erhitzen und Blumenkohl, Möhren und Staudensellerie 4–5 Minuten darin anbraten. Anschließend die Linsen dazugeben und circa 10–12 Minuten mitbraten. Mit Curry, Salz und Pfeffer würzen.

3 Das Ganze mit Gemüsebrühe aufgießen und circa 12–15 Minuten gar köcheln lassen. Dabei ab und zu umrühren.

4 In der Zwischenzeit die Petersilie waschen, entstielen und fein hacken. 2–3 Minuten vor Ende der Garzeit die Petersilie zusammen mit den Pflaumen und dem Kefir unter das Blumenkohl-Linsencurry mengen und das Ganze nochmals mit Salz und Pfeffer abschmecken.

Nährwertangaben: 1 Portion (bei insgesamt 4 Portionen):
285 kcal | 19,3 g Eiweiß | 8,5 g Fett | 31,0 g Kohlenhydrate | 2,58 BE

TIPP: Sojabohnen enthalten nur 6,3 Prozent Kohlenhydrate. Man kann sie vielseitig einsetzen. Zum Beispiel als Püree: Dazu die Sojabohnen in jeweils 100 Milliliter Sahne und Wasser 8–10 Minuten köcheln lassen und anschließend mit einem Stabmixer fein pürieren. Mit Salz und Pfeffer abschmecken.

Spargelsalat mit Sojabohnen

4 PORTIONEN **5 MINUTEN** **15 MINUTEN**

Zutaten: 2 EL Olivenöl | 300 g Sojabohnen | 500 ml Gemüsebrühe | 400 g Spargel | 1 Stange Lauch (Porree) | 2 mittelgroße rote Paprikaschoten | 4 EL Aceto balsamico (hell) | Salz und Pfeffer nach Geschmack | ½ Bund frischer Salbei

1 Öl in einer Pfanne erhitzen und die Sojabohnen darin circa 1–2 Minuten anbraten und mit Gemüsebrühe ablöschen. Anschließend circa 8–10 Minuten leicht köcheln lassen.

2 Spargel schälen, Enden abschneiden und in 5 cm lange Stücke schneiden. In einem Topf mit Wasser 6–8 Minuten blanchieren, anschließend abgießen und abschrecken. Lauch halbieren, putzen, waschen und in feine Halbmonde schneiden. Paprikaschoten ebenfalls halbieren, von Strunk und Kernen befreien, waschen und in 1 cm große Würfel schneiden.

3 Die Spargelstücke circa 3–4 Minuten vor Ende der Garzeit zu den Sojabohnen geben, die Pfanne vom Herd nehmen.

4 Paprikawürfel und Lauch in den Spargelsalat mit Sojabohnen mischen und diesen mit Balsamicoessig, Salz und Pfeffer marinieren.

5 Den Salbei waschen, entstielen und in feine Streifen schneiden.

6 Vor dem Servieren den Pfannensalat mit den Salbeistreifen bestreuen.

Nährwertangaben: 1 Portion (bei insgesamt 4 Portionen):
265 kcal | 13,4 g Eiweiß | 12,2 g Fett | 23,5 g Kohlenhydrate | 1,96 BE

TIPP: Die Stiele des Brokkolis kann man bedenkenlos mitverwenden, nur von den Anschnitten werden etwa 2 Zentimeter entfernt.

Linsengemüse mit Pflaumen

4 PORTIONEN | 10 MINUTEN | 25 MINUTEN

Zutaten: 1 Brokkoli (circa 1 kg) | 300 g Möhren | 100 g Fenchel | 3 Pflaumen | 2 EL Rapsöl | 200 g getrocknete rote Linsen | Currypulver, Salz und Pfeffer nach Geschmack | 500 ml Gemüsebrühe | 100 ml Wasser | ½ Bund frische Blattpetersilie | 400 g Hüttenkäse (< 10 % Fett i. Tr.)

1 Den Brokkoli in kleine Röschen schneiden und waschen. Die Möhren waschen, putzen, längs halbieren und in dünne Halbmonde schneiden. Fenchel halbieren, waschen und in feine Streifen zerteilen. Pflaumen waschen, entsteinen und in Scheiben schneiden.

2 Öl in einer beschichteten Pfanne erhitzen und Brokkoli, Möhren und Fenchel darin circa 4–5 Minuten anbraten. Die Linsen und Pflaumen dazugeben und circa 5–8 Minuten mitbraten. Mit Curry, Salz und Pfeffer würzen.

3 Die Zutaten in der Pfanne mit Gemüsebrühe und Wasser aufgießen. Das Ganze nun circa 12–15 Minuten gar köcheln lassen. Dabei ab und zu umrühren.

4 Die Petersilie waschen, entstielen und fein hacken und zusammen mit dem Hüttenkäse unter das Linsengemüse heben.

5 Kurz vor Ende der Garzeit das Linsengemüse nochmals mit Salz und Pfeffer würzen und servieren.

Nährwertangaben: 1 Portion (bei insgesamt 4 Portionen):
443 kcal | 36,0 g Eiweiß | 10,9 g Fett | 47,2 g Kohlenhydrate | 3,93 BE

TIPP: Anstelle von Mozzarella können Sie auch Fetakäse oder zerbröckelten Blauschimmelkäse verwenden.

Artischockenpizza

4 PORTIONEN | 10 MINUTEN | 10 MINUTEN

Zutaten: 500 g Artischockenherzen (Dose, Abtropfgewicht) | 2 rote Zwiebeln | 2 Knoblauchzehen | 200 g Kirschtomaten | 6 Eier (Größe L) | 150 ml Milch (3,5 % Fett) | Salz, Pfeffer, Muskat, Kümmel gemahlen | 1 EL Tomatenmark | 2 EL Rapsöl | 200 g Mozzarella | Grober Pfeffer aus der Mühle nach Geschmack

1 Artischockenherzen in einem Sieb abtropfen lassen und vierteln. Zwiebeln und Knoblauch schälen und in feine Würfel schneiden. Kirschtomaten waschen und vierteln.

2 Die Eier mit Milch, Salz, Pfeffer, Muskat, Kümmel und Tomatenmark verquirlen.

3 Das Rapsöl in einer beschichteten Pfanne erhitzen und darin die Zwiebeln zusammen mit dem Knoblauch und den Artischocken circa 2–3 Minuten anbraten.

4 Die Tomaten und die Eimasse dazugeben und alles verrühren. Anschließend die Pizza abdecken und bei reduzierter Hitze circa 6–8 Minuten stocken lassen. Zwischenzeitlich den Mozzarella zerbröseln.

5 Die Pizza in der Pfanne vorsichtig wenden und mit dem Mozzarellakäse bestreuen. Vor dem Servieren in vier gleich große Stücke teilen und mit grobem Pfeffer bestreuen.

Nährwertangaben: 1 Portion (bei insgesamt 4 Portionen):
366 kcal | 23,0 g Eiweiß | 21,3 g Fett | 17,8 g Kohlenhydrate | 1,48 BE

Nährwertangaben: 1 Portion (bei insgesamt 4 Portionen):

1094 kcal | 57,7 g Eiweiß | 84,9 g Fett | 16,4 g Kohlenhydrate | 1,37 BE

Entenroulade mit Weißkrautgemüse

4 PORTIONEN **10 MINUTEN** **15 MINUTEN**

Zutaten: 800 g Entenbrust (4 Stück) | 200 g getrocknete Tomaten (in Öl) | 200 g Blauschimmelkäse | 1 Ei (Größe L) | Muskat, Salz und Pfeffer nach Geschmack | 4 Zahnstocher oder Bindfaden | 2 EL Olivenöl | 600 g Weißkohl (circa ½ Kohl) | 4 Schalotten | 100 g Frischkäse (60 % Fett i. Tr.) | Salz, Pfeffer

1 Die Entenbrust waschen und trocken tupfen. Die Entenbrust mit der flachen Hand von oben festhalten und das Fleisch in der Mitte mit einem Messer waagerecht so weit einschneiden, dass es noch an einer Seite verbunden ist und die Entenbrust daraufhin zur doppelten Größe (schmetterlingsförmig) auseinandergefaltet werden kann. Anschließend das Fleisch zwischen zwei Folien flach klopfen.

2 Für die Füllung die getrockneten Tomaten abtropfen und fein würfeln. Den Blauschimmelkäse ebenfalls fein würfeln. Tomaten und Käse mit dem Ei vermengen und mit Muskat, Salz und Pfeffer würzen.

3 Die Entenbrust von beiden Seiten mit Salz und Pfeffer würzen. Die Füllung anschließend gleichmäßig auf der Oberseite des Fleisches verteilen. Dieses nun zu einer Roulade einrollen und mit einem Zahnstocher fixieren.

4 1 EL Öl in einer beschichteten Pfanne erhitzen und die Rouladen circa 5–6 Minuten von allen Seiten anbraten.

5 In der Zwischenzeit den Kohl waschen, vom Strunk befreien und in feine Streifen schneiden. Die Schalotten schälen, halbieren und ebenfalls in feine Streifen schneiden.

6 In einer weiteren Pfanne 1 EL Öl erhitzen und die Kohl- und Schalottenstreifen darin circa 2–3 Minuten anbraten. Mit Salz und Pfeffer würzen. Anschließend den Frischkäse dazugeben und das Ganze in circa 4-5 Minuten fertig garen.

7 Die Rouladen vor dem Servieren vom Zahnstocher befreien, schräg anschneiden und zusammen mit dem Weißkrautgemüse anrichten.

Putenschnitzel-Lauchpfanne

4 PORTIONEN **10 MINUTEN** **10 MINUTEN**

Zutaten: 3 rote Zwiebeln | 3 Stangen Lauch | 150 g getrocknete Tomaten (in Öl, Abtropfgewicht) | 4 Putenschnitzel (à 150 g) | Salz, Pfeffer | 200 g Champignons | 4 EL Olivenöl | 1 EL Currypaste | Paprikapulver

1 Die Zwiebeln schälen und fein würfeln. Den Lauch putzen, längs halbieren, waschen und in feine Halbmonde schneiden. Die getrockneten Tomaten in ein Sieb abgießen und klein schneiden.

2 Putenschnitzel waschen, trocken tupfen und in 1 cm dünne Streifen schneiden. Mit Salz und Pfeffer würzen.

3 Champignons putzen, mit einem Küchenpapier abreiben und vierteln.

4 2 EL Öl in einer Pfanne erhitzen und darin die Zwiebeln, den Lauch, die Tomaten und die Champignons circa 2–3 Minuten scharf anbraten. Mit Currypaste, Salz, Pfeffer und Paprikapulver würzen. Anschließend das Gemüse aus der Pfanne nehmen und beiseitestellen.

5 In derselben Pfanne das restliche Öl erhitzen und die Putenstreifen circa 2–3 Minuten darin anbraten. Das Gemüse zufügen, unterheben und alles zusammen für weitere 2–3 Minuten braten.

6 Zum Servieren die Putenpfanne in tiefen Tellern anrichten.

Nährwertangaben: 1 Portion (bei insgesamt 4 Portionen):
406 kcal | 41,0 g Eiweiß | 18,4 g Fett | 16,4 g Kohlenhydrate | 1,37 BE

Zutaten:

2 Bio-Zitronen

4 Bund Lauchzwiebeln

600 g Blattspinat

4 Putenschnitzel (à 150 g)

2 EL Olivenöl

100 g Camembert

Weitere Zutaten: Salz, Pfeffer, Muskat

Putenschnitzel mit Spinat-Lauchzwiebel-Gemüse

4 PORTIONEN **10 MINUTEN** **10 MINUTEN**

1 Die Zitronen heiß abspülen und anschließend mit einem Tuch trocken reiben. Die Schale mit einer Reibe fein abreiben und die Zitronen anschließend entsaften.

2 Die Lauchzwiebeln putzen, waschen und in schmale Ringe schneiden. Den Spinat verlesen, waschen und die groben Stiele entfernen.

3 Die Schnitzel waschen und mit Küchenkrepp trocken tupfen. Anschließend jedes Schnitzel in 2–3 kleinere Stücke schneiden.

4 Die Hälfte des Öls in einer Pfanne erhitzen und das Fleisch rund 3 Minuten darin anbraten.

5 Das restliche Öl in einem Topf erhitzen und 2 EL Zitronensaft, den Zitronenabrieb und etwa 2 EL Wasser zugeben. Lauchzwiebeln und Spinat hinzufügen und alles weich dünsten.

6 Zwischenzeitlich den Camembert in Würfel schneiden. Diese dann mit in den Topf geben und das Ganze mit Salz, Pfeffer und Muskat abschmecken.

7 Zum Servieren die Putenschnitzel zusammen mit dem Spinat-Lauchzwiebel-Gemüse auf Tellern anrichten.

Nährwertangaben: 1 Portion (bei insgesamt 4 Portionen):
393 kcal | 40,4 g Eiweiß | 15,5 g Fett | 20,0 g Kohlenhydrate | 1,67 BE

Entengeschnetzeltes

4 PORTIONEN | **10 MINUTEN** | **15 MINUTEN**

Zutaten: 1 Knoblauchzehe | 200 g Frühlingszwiebeln | 2 mittelgroße Zucchini (circa 750 g) | 200 g Shiitake Pilze | 500 g Entenbrust | Salz, Pfeffer | 4 EL Olivenöl | Paprikapulver, Currypulver | 1 Dose Bambussprossen (200 g Abtropfgewicht)

1 Den Knoblauch schälen und fein würfeln. Die Frühlingszwiebeln vom Wurzelwerk befreien, waschen und in kleine Röllchen schneiden. Die beiden Enden der Zucchini abschneiden, waschen, längs vierteln und in 1 cm dicke Scheiben schneiden. Die Pilze waschen, trockentupfen und vierteln.

2 Die Entenbrust waschen, trocken tupfen und in 1 cm dünne Streifen schneiden. Mit Salz und Pfeffer würzen.

3 2 EL Öl in einem Wok (oder alternativ in einer Pfanne) erhitzen und Knoblauch, Frühlingszwiebeln, Zucchini und Pilze darin circa 4–5 Minuten scharf anbraten. Mit Salz, Pfeffer, Paprikapulver und 1 EL Currypulver würzen. Anschließend das Gemüse aus dem Wok nehmen und beiseitestellen.

4 Die Bambussprossen waschen und in einem Sieb abtropfen lassen.

5 Dann im Wok das restliche Öl erhitzen und die Filetstreifen circa 2–3 Minuten darin anbraten. Das Gemüse und die Bambussprossen dazugeben, alles mischen und weitere 5–6 Minuten fertig braten.

6 Vor dem Servieren das Entengeschnetzelte nochmals mit grobem Pfeffer würzen.

Nährwertangaben: 1 Portion (bei insgesamt 4 Portionen):
618 kcal | 29,5 g Eiweiß | 46,9 g Fett | 14,9 g Kohlenhydrate | 1,24 BE

TIPP: Zuckererbsenschoten können Sie auch roh verzehren, zum Beispiel indem Sie sie nach dem Waschen und Putzen in feine Streifen schneiden und zu einem Salat geben.

Hähnchensteaks mit buntem Gemüse

4 PORTIONEN **10 MINUTEN** **15 MINUTEN**

Zutaten: 400 g Zuckererbsenschoten | 2 rote Paprikaschoten | 400 g Egerlingen | 2 Zwiebeln | 300 g Hähnchenfilet | 3 EL Olivenöl | Salz, Pfeffer und Paprikapulver (edelsüß) | ½ TL getrockneter Thymian

1 Zuckerschoten putzen und waschen. Paprikaschoten halbieren, Kerne entfernen und fein würfeln. Egerlinge kurz unter fließendem Wasser waschen, dann vierteln. Zwiebeln schälen, halbieren und in feine Streifen schneiden.

2 Hähnchenfilets waschen, trocken tupfen und in dünne Medaillons schneiden. Die Fleischstücke in einer heißen Pfanne mit 2 EL Olivenöl 2–3 Minuten anbraten. Mit Salz, Pfeffer würzen, aus der Pfanne nehmen und beiseitestellen.

3 In der gleiche Pfanne 1 EL Olivenöl erhitzen und darin die Zuckerschoten, die Zwiebeln und die Paprikawürfel 5–6 Minuten anbraten.

4 Die Pilze dazugeben und weitere 3–4 Minuten braten. Mit Salz, Pfeffer und Paprikapulver abschmecken.

5 Die Hähnchenfilets ebenfalls zufügen und abschließend das Ganze 2–3 Minuten fertig braten.

6 Zum Servieren die Pfanne mit Thymian bestreuen.

Nährwertangaben: 1 Portion (bei insgesamt 4 Portionen):
329 kcal | 26,5 g Eiweiß | 14,5 g Fett | 21,0 g Kohlenhydrate | 1,75 BE

Hühnchen-Nudel-Pott

4 PORTIONEN | **10 MINUTEN** | **15 MINUTEN**

Zutaten: 250 g Tomaten | 500 g Hähnchenbrustfilet | 3 EL Olivenöl | Salz, Chiliflocken | 1 TL getrockneter Oregano | 150 ml Sahne | 500 ml Geflügelbrühe | 200 g Sojanudeln (zum Beispiel Sojaspaghetti) | ½ Bund glatte Petersilie | 100 g Fetakäse

1 Die Tomaten waschen, vom Strunk befreien, halbieren und grob würfeln. Die Hähnchenbrustfilets waschen, trocken tupfen und in feine Streifen schneiden.

2 Das Öl in einem hohen Topf erhitzen und darin die Hähnchenstreifen rundherum anbraten. Dann mit Salz, 1 TL Chiliflocken und Oregano würzen. Sahne und Geflügelbrühe angießen und alles aufkochen lassen. Die Nudeln zufügen und das Ganze bei mittlerer Hitze circa 10 Minuten köcheln. Ab und zu umrühren.

3 Die Petersilie waschen, trocken schütteln und fein hacken. Den Fetakäse fein würfeln. Tomaten und Käse circa 2–3 Minuten vor Ende der Garzeit unterheben. Abschließend nochmals abschmecken und zum Servieren mit Petersilie bestreuen.

Nährwertangaben: 1 Portion (bei insgesamt 4 Portionen):
639kcal | 55,9 g Eiweiß | 34,8 g Fett | 21,0 g Kohlenhydrate | 1,75 BE

Zutaten:

1 Stange Lauch

300 g Austernpilze

100 g Mungobohnensprossen

700 g Hähnchenbrust

4 EL Olivenöl

100 g Crème fraîche

Weitere Zutaten: Salz, Pfeffer, Currypulver

TIPP: Die Sprossen lassen sich auch recht einfach zu Hause anbauen. Die Samen dafür gibt es zum Beispiel im Reformhaus. Für den Anbau müssen zunächst die Samenkörner gründlich gewaschen und vom Schmutz befreit werden. Anschließend müssen die Keimlinge einige Stunden – am besten über Nacht – ins Wasser gelegt werden. Am nächsten Morgen gibt man die Keimlinge in ein Keimgefäß. Sie müssen in den nächsten Tagen immer wieder abgewaschen werden. Besonders gut keimen die Mungobohnensprossen, wenn das Keimgefäß an einem warmen, schattigen Ort steht. Bereits nach wenigen Tagen kann geerntet werden.

Gebratenes Curryhuhn

4 PORTIONEN **10 MINUTEN** **10 MINUTEN**

1 Den Lauch vom Wurzelwerk befreien, längs halbieren, waschen und in feine Halbmonde schneiden. Austernpilze waschen, die Enden abschneiden und die Pilze anschließend in kleine Stücke schneiden. Sprossen waschen und trocken schütteln.

2 Das Hähnchenbrust waschen, trocken tupfen und in 1 cm dicke Streifen schneiden. Mit Salz und Pfeffer würzen.

3 2 EL vom Öl in einer Pfanne erhitzen und Lauch, Austernpilze und Sprossen darin circa 3–4 Minuten scharf anbraten. Das Ganze mit Salz, Pfeffer und 1 EL Currypulver würzen. Anschließend das Gemüse aus der Pfanne nehmen und beiseitestellen.

4 In derselben Pfanne das restliche Öl erhitzen und die Hähnchenstreifen circa 2–3 Minuten darin anbraten. Das Gemüse und Crème fraîche zugeben und untermischen. Das Ganze für weitere 2–3 Minuten fertig braten.

Nährwertangaben: 1 Portion (bei insgesamt 4 Portionen):
462 kcal | 45,4 g Eiweiß | 26,8 g Fett | 6,4 g Kohlenhydrate | 0,53 BE

TIPP: Wenn Sie keinen Topf mit Dämpfeinsatz haben, können Sie auch ein Sieb nehmen, welches über den Topf passt. Wichtig ist ein Deckel.

Hähnchen im Sesam-Mohn-Kleid

4 PORTIONEN **10 MINUTEN** **10 MINUTEN**

Zutaten: 2 Zwiebeln | ¼ Knolle frischer Ingwer (circa 30 g) | 5 g Mohn | 30 g Sesam | 600 g Hähnchenbrust | Salz und Pfeffer nach Geschmack | 500 g frischer Blattspinat | 1 EL Sesamöl | 100 ml Kokosmilch | 80 g Frischkäse (60 % Fett i. Tr.) | 1 Zitrone (Bio)

1 Zwiebel und Ingwer jeweils schälen und fein würfeln. Mohn zusammen mit dem Sesam in einer heißen Pfanne ohne Fett goldbraun anrösten.

2 Das Hähnchenbrustfilet waschen, trocken tupfen und in 4–5 cm gleich große Stücke schneiden. Mit Salz und Pfeffer würzen. Das Hühnchen anschließend in der Mohn-Sesam-Mischung wälzen und die Panade gut andrücken.

3 Einen Topf mit Dämpfeinsatz zur Hälfte mit Wasser füllen und dieses zum Kochen bringen. Die Hähnchenbruststücke zugedeckt über dem kochenden Wasser circa 8–10 Minuten dämpfen.

4 In der Zwischenzeit den Spinat waschen und entstielen. Öl in einer Pfanne erhitzen und die Zwiebeln mit dem Ingwer darin circa 1–2 Minuten anbraten. Den Spinat hinzufügen und weitere 3–4 Minuten anschwitzen. Das Ganze mit Kokosmilch ablöschen und mit Salz und Pfeffer würzen. Den Frischkäse kurz vor dem Servieren untermischen.

5 Die Zitrone achteln. Die Hähnchenbruststücke auf dem Spinatbett anrichten, etwas Fond darüberträufeln, die Zitronenecken anlegen und servieren.

Nährwertangaben: 1 Portion (bei insgesamt 4 Portionen):
429 kcal | 42,5 g Eiweiß | 22,4 g Fett | 11,4 g Kohlenhydrate | 0,95 BE

Hähnchenkeule mit Bratgemüse

4 PORTIONEN | **10 MINUTEN** | **50 MINUTEN**

Zutaten: 800 g Hähnchenkeulen (2 Stück) | 1 EL mittelscharfer Senf | Salz, geschroteter Pfeffer | 10 g Butter | 1 Bund Frühlingszwiebeln | 3 gelbe Paprikaschoten | 1 Knoblauchzehe | 400 g passierte Tomaten | Chili nach Geschmack | 4 rote Zwiebeln (200 g) | 1 EL Olivenöl | 1 g getrockneter Majoran | ½ Bund Basilikum

1 Den Backofen auf 180 °C (Umluft) vorheizen.

2 Die Hähnchenkeulen waschen, trocken tupfen und mit Senf bestreichen. Mit Salz und geschrotetem Pfeffer würzen.

3 Eine Auflaufform mit Butter fetten.

4 Frühlingszwiebeln waschen, den Wurzelansatz entfernen und in feine Ringe schneiden. Paprikaschoten halbieren, von Stiel und Kernen befreien, waschen und in 2 cm große Stücke schneiden. Die Knoblauchzehe schälen und fein würfeln. Das Gemüse in die gefettete Auflaufform geben und die Hähnchenkeulen darauflegen. Die passierten Tomaten mit Salz, Pfeffer und Chili würzen und anschließend darübergießen.

5 Die Hähnchenkeulen circa 40 Minuten im Ofen (Mitte) garen.

6 Währenddessen die Zwiebeln schälen, halbieren, in feine Streifen schneiden und zusammen mit Olivenöl und Majoran in einem kleinen flachen Topf mit hitzebeständigem Deckel für circa 10 Minuten zu den Hähnchen geben.

7 Die Hähnchenkeulen mit der Tomaten-Gemüsesoße und den Zwiebeln auf Tellern servieren. Die Basilikumblätter als Dekoration anlegen.

Nährwertangaben: 1 Portion (bei insgesamt 4 Portionen):
492 kcal | 41,2 g Eiweiß | 27,0 g Fett | 17,6 g Kohlenhydrate | 1,47 BE

FISCH UND KRUSTENTIERE

Garnelensalat mit Balsamessig und Avocado

4 PORTIONEN **10 MINUTEN** **5 MINUTEN**

Zutaten: 2 Köpfe Lollo rosso | 50 g Babyspinat | 1 Salatgurke | 3 EL Rapsöl | 20 Riesengarnelen (küchenfertig, circa 500 g) | 30 g gerösteter Sesam | Salz, Pfeffer | 2 Avocados | 2 EL Aceto balsamico | 1 EL helle Sojasoße

1 Salat und Spinat putzen, waschen und in kleine Blätter zupfen. Die Gurke schälen, längs halbieren, von den Kernen befreien und in dünne Streifen hobeln.

2 2 EL Rapsöl in einer Pfanne erhitzen und die Garnelen darin von beiden Seiten circa 2–3 Minuten anbraten. 1 Minute vor Ende der Bratzeit den Sesam mit in die Pfanne geben und das Ganze mit Salz und Pfeffer würzen.

3 In Zwischenzeit die Avocados längs halbieren, entkernen, schälen und fein würfeln.

4 Lollo rosso, Gurke und Avocadowürfel in einer Schüssel miteinander vermengen.

5 Für die Marinade das restliche Rapsöl, den Balsamicoessig, die Sojasoße, etwas Salz und Pfeffer verquirlen und über den Salat geben.

6 Zum Servieren den Salat in tiefen Tellern anrichten und die gebratenen Garnelen darauf verteilen.

Nährwertangaben: 1 Portion (bei insgesamt 4 Portionen):
488 kcal | 32,1 g Eiweiß | 30,3 g Fett | 18,3 g Kohlenhydrate | 1,53 BE

Zutaten:

2 Salatgurken

200 g Frischkäse (20 % Fett)

1 TL Sesamöl

1 TL Wasabi

400 g geräucherter Lachs in Scheiben

Weitere Zutaten: 10 g gerösteter Sesam | Salz, Pfeffer

Asiatische Lachsröllchen

4 PORTIONEN **15 MINUTEN**

1 Die Gurken schälen und grob raspeln.

2 Frischkäse, Sesam und Sesamöl glatt rühren und mit Salz und Pfeffer würzen sowie den Wasabi unterrühren.

3 Die Lachsscheiben aneinandergereiht auf Frischhaltefolie legen. Mit der Frischkäsemasse bestreichen und die Gurkenraspel gleichmäßig darauf verteilen. Dann die Röllchen mithilfe der Frischhaltefolie fest einrollen. Anschließend die Folie wieder entfernen und die Rollen in Stücke schneiden.

Nährwertangaben: 1 Portion (bei insgesamt 4 Portionen):
260 kcal | 27,3 g Eiweiß | 14,1 g Fett | 4,0 g Kohlenhydrate | 0,33 BE

Nährwertangaben: 1 Portion (bei insgesamt 4 Portionen):
440 kcal | 37,3 g Eiweiß | 26,5 g Fett | 9,8 g Kohlenhydrate | 0,82 BE

Forellenfilet mit Currykohlrabi

4 PORTIONEN **10 MINUTEN** **10 MINUTEN**

Zutaten: 2 Papayas | 1 EL Olivenöl | 250 ml Gemüsebrühe | 1 EL Currypaste (Tube) | Pfeffer | 400 g Kohlrabi (circa 3 Knollen) | 4 Forellenfilets (à 150 g) | Saft von 1 Limette | Salz, schwarzer Pfeffer | 200 g Frischkäse (60 % Fett i. Tr.)

1 Backofen auf 120 °C Umluft vorheizen.

2 Die Papayas schälen, von den Kernen befreien und das Fruchtfleisch in grobe Würfel schneiden.

3 Das Öl in einer beschichteten Pfanne erhitzen und die Papayawürfel circa 1–2 Minuten darin anschwitzen. Mit Gemüsebrühe ablöschen, die Currypaste dazugeben und mit etwas Pfeffer würzen. Anschließend alles für weitere 1–2 Minuten leicht köcheln lassen.

4 Die Kohlrabis schälen und in Stifte hobeln. 1 l Salzwasser in einem Topf zum Kochen bringen und die Kohlrabi darin circa 1–2 Minuten blanchieren. Das Gemüse anschließend abtropfen lassen und im Topf bei geschlossenem Deckel auf der Herdplatte warmhalten.

5 Die Forellenfilets waschen, trocken tupfen, mit Limettensaft beträufeln und mit Salz und Pfeffer würzen.

6 Die Fischfilets in die köchelnde Currysoße legen und zugedeckt circa 4–5 Minuten garen lassen. Anschließend aus dem Sud nehmen und im Ofen (Mitte) mit Alufolie bedeckt warmstellen.

7 Die Kohlrabis in die Currysoße geben, das Ganze mit dem Frischkäse verfeinern und circa 1–2 Minuten köcheln lassen.

8 Zum Servieren das Kohlrabigemüse zusammen mit der Papaya-Currysoße in tiefe Teller geben, den Fisch aus dem Ofen nehmen und auf dem Gemüse platzieren.

Zutaten:

4 Auberginen

3 rote Zwiebeln

4 EL Rapsöl

150 ml Schlagsahne

150 ml Gemüsebrühe

600 g Saiblingsfilet

Weitere Zutaten: Salz, Pfeffer

Auberginen-Saiblingspfanne

4 PORTIONEN **10 MINUTEN** **10 MINUTEN**

1 Die Auberginen putzen, waschen und in dünne Scheiben schneiden. Die Zwiebeln schälen und fein würfeln.

2 2 EL Öl in einer Pfanne erhitzen und das Gemüse darin circa 2–3 Minuten anbraten, dann mit Sahne und Brühe ablöschen, das Ganze aufkochen und circa 1–2 Minuten köcheln lassen.

3 Die Saiblingsfilets abspülen, trocken tupfen und in 8 Stücke schneiden. In einer weiteren Pfanne den Fisch im restlichen Öl pro Seite 2–3 Minuten braten und dann mit Salz und Pfeffer würzen.

4 Zum Servieren die Fischstücke zusammen mit dem Gemüse auf Tellern anrichten.

Nährwertangaben: 1 Portion (bei insgesamt 4 Portionen):
434 kcal | 35,0 g Eiweiß | 24,8 g Fett | 14,5 g Kohlenhydrate | 1,21 BE

Zutaten:

6 gelbe Paprikaschoten

1 Bund frisches Basilikum

2 EL Olivenöl

300 g Schmand

200 g geräucherter Lachs

30 g geriebener Parmesan

Weitere Zutaten: Salz, Pfeffer, Chilipulver, Paprikapulver (edelsüß)

Geeiste Paprikasuppe mit Lachsnocken

4 PORTIONEN **15 MINUTEN** **1 STUNDE**

1 Die Paprikaschoten waschen, längs halbieren, entkernen und in grobe Stücke schneiden. Basilikum waschen und entstielen. Einige Blätter zur Dekoration beiseitelegen und den Rest grob schneiden.

2 Die Paprikastücke mit Basilikum, Öl und der Hälfte des Schmands in einem Mixer (oder mit einem Stabmixer) pürieren. Anschließend mit Salz, Pfeffer, 1 Msp. Chilipulver und ½ TL Paprikapulver würzen. Anschließend kalt stellen.

3 Die Lachsscheiben mit der anderen Hälfte des Schmands und dem Parmesan mithilfe eines Stabmixers fein mixen. Mit Salz und Pfeffer würzen.

4 Die Suppe in tiefen Tellern anrichten. Von dem Lachsmousse esslöffelgroße Nocken abstechen und in die Suppe geben. Mit Basilikumblättchen bestreuen und servieren.

Nährwertangaben: 1 Portion (bei insgesamt 4 Portionen):
412 kcal | 18,2 g Eiweiß | 29,3 g Fett | 15,7 g Kohlenhydrate | 1,31 BE

Fischeintopf

4 PORTIONEN **10 MINUTEN** **30 MINUTEN**

Zutaten: 3 rote Paprikaschoten | 2 Gemüsezwiebeln | 400 g Sellerie | 2 Knoblauchzehen | 4 EL Olivenöl | 2 EL Paprikapulver | 2 g getrockneter Majoran | 2 Lorbeerblätter | 1 EL Kümmelsaat | 1 Tl Fenchelsaat | 40 g Tomatenmark | 250 ml Fischfond | Salz, Pfeffer | 300 g Seelachsfilet (küchenfertig) | Saft von ½ Zitrone | Cayennepfeffer | 100 g Crème fraîche

1 Die Paprikaschoten vierteln, entkernen, waschen und in circa 2 cm große Stücke schneiden. Die Zwiebeln schälen, halbieren und in dünne Streifen schneiden. Sellerie schälen und in circa 2 cm dicke Würfel schneiden. Knoblauch schälen und fein würfeln.

2 Das Öl in einem Topf erhitzen und darin Paprika, Zwiebeln und Sellerie 5 Minuten anschwitzen. Knoblauch, Paprikapulver, Majoran, Lorbeer, Kümmelsaat, Fenchelsaat und Tomatenmark zugeben und weitere 2 Minuten anrösten. Mit Fischfond ablöschen, mit Salz und Pfeffer würzen und weitere 15–20 Minuten köcheln lassen.

3 In der Zwischenzeit die Fischfilets in circa 2 cm große Würfel schneiden und mit Zitronensaft, Salz und ½ TL Cayennepfeffer würzen.

4 Fischwürfel zum Gemüsetopf geben und das Ganze weitere 5–6 Minuten fertig garen. Nochmals mit Salz und Pfeffer nachwürzen.

5 Crème fraîche mit Salz und Pfeffer verrühren und zum Servieren in den Fischeintopf einrühren.

Nährwertangaben: 1 Portion (bei insgesamt 4 Portionen):
601 kcal | 35,6 g Eiweiß | 38,0 g Fett | 24,7 g Kohlenhydrate | 2,06 BE

Zutaten:

300 g Austernpilze

300 g Möhren

500 g Spargel

3 Knoblauchzehen

3 EL Sesamöl

200 ml Gemüsebrühe

2 EL Sojasauce

500 g geschälte Krabben (küchenfertig)

½ Bund frische Blattpetersilie

Weitere Zutaten: Salz und Pfeffer nach Geschmack

Krabbenpfanne mit Austernpilzen

4 PORTIONEN | 10 MINUTEN | 10 MINUTEN

1 Austernpilze kurz unter fließendem Wasser waschen, Stielansatz entfernen und achteln. Möhren schälen und mit einem Gemüsehobel in Stifte hobeln. Die Spargelstangen waschen, schälen und schräg in circa 4–5 cm lange Stücke schneiden.

2 Den Spargel in 2 Liter kochendem Salzwasser circa 2–3 Minuten blanchieren. Anschließend abgießen und unter fließendem kaltem Wasser abschrecken.

3 Knoblauch schälen und fein würfeln.

4 Sesamöl in einer Pfanne erhitzen und den Knoblauch circa1–2 Minuten darin anschwitzen.

5 Den abgetropften Spargel, die Austernpilze und die Möhrenstifte ebenfalls in die Pfanne geben und unter Rühren weitere 2–3 Minuten mitbraten. Das Gemüse mit Gemüsebrühe und Sojasauce angießen und aufkochen lassen. Krabben hinzufügen und alles weitere 3 Minuten garen. Mit Salz und Pfeffer abschmecken.

6 In der Zwischenzeit die Petersilie waschen, entstielen und grob hacken. Zum Servieren die Spargelkrabben auf Tellern anrichten und mit der Petersilie bestreuen.

Nährwertangaben: 1 Portion (bei insgesamt 4 Portionen):
288 kcal | 32,7 g Eiweiß | 11,1 g Fett | 12,4 g Kohlenhydrate | 1,03 BE

TIPP: Die Erdnuss ist eigentlich eine Hülsenfrucht und reift in der Erde. Je nach Sorte wachsen in den Hülsen zwei bis drei rundliche bis längliche Erdnüsse heran. Die Hülsenfrüchte haben viel gesundes Eiweiß und Vitamine, vor allem die Vitamine B und E. Ihr Kohlenhydratgehalt liegt gerade mal bei 8,3 Prozent. In kleinen Mengen eignen sie sich auch mal als Snack für zwischendurch.

Gebratene Matjesstreifen mit Rucola

4 PORTIONEN **5 MINUTEN** **10 MINUTEN**

Zutaten: 200 g Rucola | 400 g Pfifferlinge | 1 Bund Frühlingszwiebeln | 3 Rosmarinzweige | 3 EL Olivenöl | 50 g geröstete Erdnüsse (ohne Salz) | 600 g Matjesfilet (ca. 8 Filets) | grobes Meersalz und Pfeffer nach Geschmack | 1 EL Aceto Balsamico (hell)

1 Rucola verlesen, waschen und abtropfen lassen. Pfifferlinge kurz waschen und vierteln. Frühlingszwiebeln waschen, vom Wurzelwerk befreien und in feine Röllchen schneiden. Rosmarinzweige abzupfen.

2 2 EL Öl in einer Pfanne erhitzen und die Pfifferlinge darin circa 2–3 Minuten scharf anbraten. Erdnüsse, Rosmarin und Frühlingszwiebeln dazugeben und 1–2 Minuten mit anbraten.

3 Währenddessen die Matjesfilets waschen, trocken tupfen und in 1 cm dicke Streifen schneiden. Anschließend mit grobem Meersalz und Pfeffer würzen. Den Fisch nun ebenfalls in die Pfanne geben und weitere 1–2 Minuten mitbraten.

4 Mit Balsamicoessig, 1 EL Olivenöl, Salz und Pfeffer würzen.

5 Zum Servieren den Rucola unterheben und das Gericht nochmals mit Pfeffer und Meersalz nachwürzen.

Nährwertangaben: 1 Portion (bei insgesamt 4 Portionen):
655 kcal | 34,5 g Eiweiß | 51,3 g Fett | 9,0 g Kohlenhydrate | 0,75 BE

Zutaten:

4 rote Zwiebeln (circa 150 g)

1 Knoblauchzehe

2 Stangen Lauch

200 g getrockneten Tomaten (Abtropfgewicht, Dose)

700 g Thunfischfilet (küchenfertig)

4 EL Olivenöl

1 EL Currypaste

½ Bund frischer Schnittlauch

Weitere Zutaten: Paprikapulver, Salz und Pfeffer nach Geschmack

TIPP: Die Garzeit verkürzt sich automatisch, wenn Sie Fisch, Fleisch und Gemüse kleiner schneiden.

Thunfischpfanne

4 PORTIONEN **5 MINUTEN** **10 MINUTEN**

1 Zwiebeln und Knoblauch schälen und fein würfeln. Lauch putzen, längs halbieren, waschen und in feine Halbmonde schneiden. Die Tomaten in einem Sieb abgießen und vierteln.

2 Thunfischfilet waschen, trocken tupfen und in 1 cm dünne Streifen schneiden. Mit Salz und Pfeffer würzen.

3 2 EL Öl in einer Pfanne erhitzen und darin Zwiebeln, Knoblauch, Lauch und Tomaten circa 2–3 Minuten scharf anbraten. Mit Currypaste, Paprikapulver, Salz und Pfeffer würzen. Anschließend das Gemüse aus der Pfanne nehmen und beiseitestellen.

4 In derselben Pfanne die restlichen 2 EL Öl erhitzen und die Thunfischstreifen circa 2–3 Minuten darin anbraten. Das Gemüse zufügen, unterheben und alles zusammen für weitere 2–3 Minuten braten.

5 In der Zwischenzeit den Schnittlauch waschen und in feine Röllchen schneiden.

6 Zum Servieren die Thunfischpfanne mit Schnittlauch bestreuen.

Nährwertangaben: 1 Portion (bei insgesamt 4 Portionen):
417 kcal | 39,5 g Eiweiß | 24,6 g Fett | 6,5 g Kohlenhydrate | 0,55 BE

FLEISCHGERICHTE

TIPP: Preislich etwas günstiger wird das Gericht, wenn Sie Schweinefilet verwenden.

Rinderfilet mit Bohnen

4 PORTIONEN **5 MINUTEN** **15 MINUTEN**

Zutaten: 600 g grüne Bohnen | 4 rote Zwiebeln | 4 Rinderfiletsteaks (à 150 g) | 2 Zweige Rosmarin | 4 EL Öl | 100 g Johannisbeeren | 2 EL Rotweinessig | Salz, Pfeffer

1 Die Bohnen waschen, halbieren und 5 Minuten in Salzwasser weich kochen. Anschließend mit kaltem Wasser abschrecken. Zwischenzeitlich die Zwiebeln schälen und in feine Ringe schneiden.

2 Die Rinderfilets waschen, trocken tupfen und in feine Streifen schneiden. Die Blättchen der Rosmarinzweige abzupfen.

3 2 EL Öl in einer Pfanne erhitzen und die Filetstreifen mit dem Rosmarin dort circa 4–5 Minuten anbraten. Anschließend herausnehmen und warm stellen.

4 Die Johannisbeeren verlesen und kurz unter fließendem Wasser abwaschen.

5 Den Bratansatz mit 4 EL Wasser verdünnen und die Johannisbeeren beimengen. Das Ganze anschließend circa 2–3 Minuten köcheln lassen.

6 Für die Bohnen eine Vinaigrette aus Essig, dem restlichen Öl, Salz und Pfeffer herstellen. Diese anschließend mit den Bohnen und den Zwiebeln vermischen.

7 Zum Servieren den Bohnensalat zusammen mit den Rinderfiletstreifen auf Tellern anrichten.

Nährwertangaben: 1 Portion (bei insgesamt 4 Portionen):
267 kcal | 36,9 g Eiweiß | 6,9 g Fett | 12,5 g Kohlenhydrate | 1,04 BE

Zutaten:

1 Zwiebel

2 rote Paprikaschoten

1 Bund frischer Kerbel

600 g Egerlinge

4 EL Olivenöl

200 ml Gemüsebrühe

100 g Schmand

250 g Frischkäse (60 % Fett i. Tr.)

600 g Roastbeef

Weitere Zutaten: 1 EL Speisestärke | 4 EL kaltes Wasser | Muskat, Salz und Pfeffer nach Geschmack

CLEVER UND ZEITSPAREND EINKAUFEN: Einige Lebensmittel können bereits geschnitten oder küchenfertig gekauft werden. Lassen Sie sich das Rinderfilet vom Fleischer Ihres Vertrauens nach Ihren Bedürfnissen vorbereiten und es beispielsweise entsehnen.

Rindfleischstreifen mit Kräuterrahmpilzen

4 PORTIONEN **10 MINUTEN** **10 MINUTEN**

1 Für die Rahmpilze die Zwiebel schälen und in feine Würfel schneiden. Paprikaschoten halbieren, entkernen, waschen und in grobe Würfel schneiden. Kerbel waschen, trocken schütteln und fein hacken. Egerlinge putzen und vierteln.

2 2 EL Öl in einer beschichteten Pfanne erhitzen. Zwiebel, Paprikawürfel und Pilze darin circa 2–3 Minuten scharf anbraten. Anschließend mit der Gemüsebrühe ablöschen und den Schmand sowie den Frischkäse dazugeben.

3 Die Speisestärke im Wasser lösen.

4 Die Kräuterrahmpilze mit Muskat, Salz und Pfeffer würzen. Nun die Speisestärke einrühren und das Ganze kurz aufkochen lassen. Daraufhin den Kerbel dazugeben und weitere 1–2 Minuten fertig kochen.

5 In der Zwischenzeit das Roastbeef waschen, entsehnen und in feine Streifen schneiden. 2 EL Öl erhitzen und die Rindfleischstreifen darin in circa 3–4 Minuten fertig braten. Mit Salz und Pfeffer würzen.

6 Vor dem Servieren die Kräuterrahmpilze auf Tellern anrichten und die Rindfleischstreifen darauf verteilen.

Nährwertangaben: 1 Portion (bei insgesamt 4 Portionen):
664 kcal | 46,4 g Eiweiß | 44,7 g Fett | 14,0 g Kohlenhydrate | 1,17 BE

Zutaten:

400 g Rinderhackfleisch

150 g Zwiebelmettwurst

2 Eier (Größe L)

1 TL getrockneter Rosmarin

1 Weißkohl (circa 1,5 kg)

4 EL Olivenöl

½ TL Muskat

1 TL Kümmel

2 EL Aceto balsamico
(hell oder dunkel)

Weitere Zutaten: 1 TL Paprikapulver | Salz und Pfeffer nach Geschmack | 200 g Joghurt (1,5 % Fett)

CLEVER UND ZEITSPAREND VORBEREITEN: Legen Sie für lose Rezeptblätter eine Low-Carb-Rezeptsammlung an (zum Beispiel in einem Ordner) und bewahren diesen griffbereit in der Küche auf.

Rinderhacksteak mit Weißkohlsalat

4 PORTIONEN **10 MINUTEN** **15 MINUTEN**

1 Rinderhackfleisch mit Zwiebelmettwurst, den Eiern und Rosmarin gut vermengen und anschließend mit Paprikapulver, Salz und Pfeffer würzen.

2 Den Kohl vom Strunk befreien und fein hobeln. 2 EL Öl in einer beschichteten Pfanne erhitzen und den Weißkohl darin circa 3–4 Minuten anrösten. Anschließend mit Muskat, Kümmel, Essig, Salz und Pfeffer würzen, den Joghurt unterheben und die Pfanne von der Herdplatte nehmen.

3 Die Rinderhackmasse zu 8 handflächengroßen Talern formen.

4 2 EL Öl in einer beschichteten Pfanne erhitzen und die Hacksteaks darin circa 4–5 Minuten von jeder Seite anbraten.

5 Die Rinderhacksteaks zusammen mit dem lauwarmen Weißkohlsalat servieren.

Nährwertangaben: 1 Portion (bei insgesamt 4 Portionen):
634 kcal | 36,1 g Eiweiß | 41,8 g Fett | 23,9 g Kohlenhydrate | 1,99 BE

CLEVER UND ZEITSPAREND KOCHEN: Achten Sie darauf, die Zeit zwischen den Arbeitsschritten (zum Beispiel während der Garzeiten) sinnvoll zu nutzen und bereits erste Aufräum- oder Abwascharbeiten zu erledigen. Das erspart Ihnen den unliebsamen »Riesenabwasch« nach dem Kochen.

Nährwertangaben: 1 Portion (bei insgesamt 4 Portionen):
704545 kcal | 58,6 g Eiweiß | 41,6 g Fett | 18,6 g Kohlenhydrate | 1,55 BE

Kotelett mit Gemüsefüllung und Kräuterdip

4 PORTIONEN **15 MINUTEN** **10 MINUTEN**

Zutaten: 800 g Schweinekoteletts (4 Stück) | Salz und Pfeffer nach Geschmack | 3 EL Olivenöl
Für die Füllung: 800 g Wirsing (1 Kopf) | 1 Knoblauchzehe | 100 g Frischkäse | 1 Ei (Größe L) | Salz und Pfeffer nach Geschmack | 4 Zahnstocher
Für den Dip: ½ Bund frische Petersilie | 100 g Feta | Saft einer ½ Zitrone | 100 g Magerquark | 125 ml Milch (1,5 % Fett) | Salz und Pfeffer nach Geschmack

1 Koteletts waschen und trocken tupfen. Mit einem spitzen Messer eine Tasche in jedes Kotelett schneiden. Die Koteletts von außen mit Salz und Pfeffer würzen.

2 Für die Füllung den Wirsing waschen, vom Strunk befreien, die großen Stiele entfernen und die Blätter danach in feine Streifen schneiden. Die Wirsingstreifen in 2–3 Liter kochendem Salzwasser circa 1–2 Minuten blanchieren und anschließend in kaltem Wasser abschrecken.

3 In der Zwischenzeit den Knoblauch schälen, fein hacken und zusammen mit dem Frischkäse und dem Ei in einer Schüssel vermengen. Den Wirsing dazugeben, vermischen und mit Salz und Pfeffer würzen.

4 Die Koteletts mit der Wirsingmasse füllen und mit einem Zahnstocher verschließen.

5 Öl in einer Pfanne erhitzen und die Koteletts circa 4–5 Minuten von jeder Seite fertig braten.

6 Währenddessen die Petersilie waschen, trocken schütteln, entstielen und fein hacken. Den Feta grob zerbröckeln.

7 Petersilie, Feta, Zitronensaft, Quark und Milch mit einem Stabmixer pürieren und mit Salz und Pfeffer abschmecken.

8 Die Koteletts vor dem Servieren von den Zahnstochern befreien und zusammen mit dem Kräuterquarkdip auf Tellern anrichten.

Zutaten:

2 Bio-Zitronen

4 Bund Lauchzwiebeln

600 g Mangold

4 Kalbsschnitzel (à 150 g)

2 EL Olivenöl

100 g Camembert

Weitere Zutaten: Salz, Pfeffer, Muskat

Gebratenes Kalbsschnitzel mit Mangold-Lauchzwiebel-Gemüse

4 PORTIONEN **10 MINUTEN** **10 MINUTEN**

1 Die Zitronen heiß abspülen und anschließend mit einem Tuch trocken reiben. Die Schale mit einer Reibe fein abreiben und die Zitronen anschließend entsaften.

2 Die Lauchzwiebeln putzen, waschen und in schmale Ringe schneiden. Den Mangold verlesen, waschen und die groben Stiele entfernen.

3 Die Schnitzel waschen und mit Küchenkrepp trocken tupfen. Anschließend jedes Schnitzel in 2–3 kleinere Stücke schneiden.

4 Die Hälfte des Öls in einer Pfanne erhitzen und das Fleisch rund 3 Minuten darin anbraten.

5 Das restliche Öl in einem Topf erhitzen und 2 EL Zitronensaft, den Zitronenabrieb und etwa 2 EL Wasser zugeben. Lauchzwiebeln und Mangold hinzufügen und alles weich dünsten.

6 Zwischenzeitlich den Camembert etwas zerbröseln. Diesen dann mit in den Topf geben und das Ganze mit Salz, Pfeffer und Muskat abschmecken.

7 Zum Servieren die Kalbsschnitzel zusammen mit dem Mangold-Lauchzwiebel-Gemüse auf Tellern anrichten.

Nährwertangaben: 1 Portion (bei insgesamt 4 Portionen):
503 kcal | 41,7 g Eiweiß | 25,4 g Fett | 23,5 g Kohlenhydrate | 1,96 BE

Bratwurst-Pilze-Feldsalat

4 PORTIONEN **10 MINUTEN** **15 MINUTEN**

Zutaten: 200 g Mangold | 16 große Champignons | 4 EL Olivenöl | 150 g Schmand | 200 g Bratwurstmasse | Salz, Pfeffer, Muskat | 300 g Feldsalat | 1 Apfel (zum Beispiel Boskoop) | 2 EL Aceto balsamico (hell)

1 Backofen auf 180 °C (Umluft) vorheizen.

2 Den Mangold waschen, abtropfen lassen und entstielen. Die Champignons kurz unter fließendem Wasser abbrausen, entstielen und die Stiele fein hacken. Die Pilzköpfe beiseitelegen.

3 2 EL Öl in einer Pfanne erhitzen und den Mangold mit den gehackten Pilzstielen circa 2–3 Minuten anbraten. Anschließend beiseitestellen.

4 Die Hälfte des Schmands mit der Bratwurstmasse und der Mangoldmischung vermengen und vorsichtig mit Salz, Pfeffer und Muskat nachwürzen.

5 Die Pilzköpfe mit der Masse befüllen und anschließend mit dem restlichen Schmand bedecken. Die gefüllten Champignons dann in eine Auflaufform setzen und im Ofen (Mitte) circa 5–6 Minuten backen.

6 In der Zwischenzeit den Feldsalat waschen, in feine Streifen schneiden. Apfel waschen, entkernen und in feine Würfel schneiden. Den Feldsalat mit den Apfelwürfeln und dem restlichen Öl, Essig, Salz und Pfeffer anmachen.

7 Die gefüllten Pilze auf dem Feldsalat anrichten und servieren.

Nährwertangaben: 1 Portion (bei insgesamt 4 Portionen):
423 kcal | 12,4 g Eiweiß | 34,9 g Fett | 11,5 g Kohlenhydrate | 0,96 BE

Zutaten:

12 Minutensteaks vom Schwein (à 50 g)

3 EL Olivenöl

3 Zwiebeln

50 g Kapern

8 Anchovis

Weitere Zutaten: Salz | 1 Dose stückige Tomaten (à 425 ml)

Minutensteaks mit Kapernsoße

4 PORTIONEN | 10 MINUTEN | 10 MINUTEN

1 Die Steaks waschen und trocken tupfen.

2 2 EL Öl in einer großen Pfanne erhitzen und die Steaks darin rund 1–2 Minuten von jeder Seite bei starker Hitze anbraten. Steaks noch in der Pfanne salzen und anschließend beiseitestellen.

3 Die Zwiebeln schälen und fein würfeln. Die Kapern abtropfen lassen. Die Anchovis fein würfeln. Das restliche Öl in einer Pfanne erhitzen und die Zwiebeln darin circa 1–2 Minuten glasig dünsten. Anschließend mit den Tomatenstücken ablöschen.

4 ¾ der Kapern sowie die Anchovis ebenfalls in die Pfanne geben und circa 2–3 Minuten mitkochen. Anschließend das Fleisch zugeben und alles weitere 1–2 Minuten fertig garen.

5 Die Steaks auf Tellern anrichten und mit den restlichen Kapern sowie der Soße garnieren.

Nährwertangaben: 1 Portion (bei insgesamt 4 Portionen):
398 kcal | 35,8 g Eiweiß | 25,5 g Fett | 3,4 g Kohlenhydrate | 0,28 BE

Pfannenpaprika griechische Art

4 PORTIONEN **10 MINUTEN** **25 MINUTEN**

Zutaten: 4 mittelgroße oder 8 kleine Paprikaschoten (circa 600 g) | 2 Zwiebeln | 2 Knoblauchzehen | 1 Bund Lauchzwiebeln | 50 g schwarze Oliven (ohne Stein, in Wasser) | 2 EL Olivenöl | 100 g Tomatenmark | Salz und Pfeffer nach Geschmack | 250 g Rinderhackfleisch | 2 Eier (Größe M) | 50 g Leinsamen | 300 g Schafskäse

1 Backofen auf 160 °C Umluft vorheizen.

2 Paprikaschoten halbieren, entkernen und waschen. Zwiebeln und Knoblauch schälen und in feine Würfel schneiden. Lauchzwiebeln waschen und in Röllchen schneiden. Oliven abtropfen lassen und vierteln.

3 In einer feuerfesten Pfanne das Olivenöl erhitzen und darin Zwiebeln, Knoblauch, Lauchzwiebeln, Oliven und Tomatenmark circa 2–3 Minuten anbraten. Mit Salz und Pfeffer würzen. Anschließend die Pfanne beiseitestellen.

4 Rinderhackfleisch zerbröseln und ebenfalls in die Pfanne geben. Anschließend Eier und Leinsamen zufügen und alles gut vermengen. Die Masse gleichmäßig in die Paprikaschoten füllen und andrücken. Die gefüllten Schoten zurück in die hitzefeste Pfanne geben.

5 Den Schafskäse in dünne Scheiben schneiden und auf die gefüllten Paprikaschoten legen.

6 Die Paprikaschoten bei im Backofen (Mitte) circa 20 Minuten backen und in der Pfanne servieren.

Nährwertangaben: 1 Portion (bei insgesamt 4 Portionen):
638 kcal | 37,2 g Eiweiß | 40,2 g Fett | 27,2 g Kohlenhydrate | 2,27 BE

Zutaten:

300 g Keniabohnen

240 g weiße Bohnen
(Dose, Abtropfgewicht)

50 g Mais
(Dose, Abtropfgewicht)

400 g Austernpilze

1 rote Paprikaschote

2 rote Zwiebeln

400 g Schweinefilet

3 EL Olivenöl

½ TL getrockneter Rosmarin

Weitere Zutaten: Salz, Pfeffer | Paprikapulver (edelsüß)

Mexikanischer Bohnentopf

4 PORTIONEN **10 MINUTEN** **20 MINUTEN**

1 Keniabohnen putzen, waschen und halbieren. Die weißen Bohnen und den Mais abgießen. Austernpilze putzen und vierteln. Paprikaschote halbieren, Kerne entfernen und grob würfeln. Zwiebeln schälen, halbieren und in feine Streifen schneiden.

2 Das Schweinefilet waschen, trocken tupfen und in dünne Streifen schneiden.

3 In einem heißen Topf mit 2 EL Öl die Fleischstücke 1–2 Minuten anbraten. Mit Salz und Pfeffer würzen, aus dem Topf nehmen und beiseitestellen.

4 In dem gleichen Topf das restliche Olivenöl erhitzen und darin die Keniabohnen mit den Zwiebeln und den Paprikawürfeln 5–6 Minuten anbraten.

5 Anschließend Austernpilze, weiße Bohnen und Mais dazugeben und für weitere 3–4 Minuten mitbraten. Mit Salz, Pfeffer und Paprikapulver würzen. Danach das Schweinefilet zufügen und das Ganze weitere 2–3 Minuten fertig garen.

6 Vor dem Servieren den Bohnentopf mit Rosmarin bestreuen.

Nährwertangaben: 1 Portion (bei insgesamt 4 Portionen):
243 kcal | 9,5 g Eiweiß | 15,0 g Fett | 15,9 g Kohlenhydrate | 1,32 BE

TIPP: Anstelle des Wildschweinrückens können Sie auch Reh- oder Hirschrücken verwenden.

Wildschweingeschnetzeltes mit Johannisbeeren

4 PORTIONEN **10 MINUTEN** **20 MINUTEN**

Zutaten: 2 Zwiebeln | 1 Knoblauchzehe | 1 Knollensellerie (circa 300 g) | 200 g Möhren | 600 g Wildschweinrücken | 4 EL Olivenöl | 3 g getrockneter Thymian | 3 g getrockneter Rosmarin | Salz und Pfeffer nach Geschmack | 100 ml Sahne | ¼ l Wildfond (oder Rinderfond) | 50 g Walnüsse | 200 g Johannisbeeren

1 Zwiebeln und Knoblauch schälen und fein würfeln. Knollensellerie putzen, schälen und in 2 cm große Stücke schneiden. Die Möhren schälen und in 1 cm dicke Scheiben schneiden.

2 Wildschweinrücken waschen, trocken tupfen und in 2 cm dicke Würfel schneiden.

3 2 EL Öl in einer Pfanne erhitzen und Zwiebeln, Knoblauch, Knollensellerie und Möhren darin circa 2–3 Minuten scharf anbraten. Mit Thymian, Rosmarin, Salz und Pfeffer würzen. Anschließend das Gemüse aus der Pfanne nehmen und beiseitestellen.

4 In derselben Pfanne 2 EL Öl erhitzen und die Fleischwürfel darin circa 4–5 Minuten anbraten. Mit Salz und Pfeffer würzen. Das Gemüse dazugeben, untermengen und alles zusammen weitere 2–3 Minuten braten. Anschließend die Zutaten mit Sahne und Wildfond ablöschen und circa 6–8 Minuten fertig garen.

5 In der Zwischenzeit die Walnüsse grob hacken. Die Johannisbeeren waschen, von den Rispen zupfen und zum Servieren zusammen mit den Walnüssen über die Pfanne streuen.

Nährwertangaben: 1 Portion (bei insgesamt 4 Portionen):
591 kcal | 35,0 g Eiweiß | 39,7 g Fett | 19,1 g Kohlenhydrate | 1,59 BE

Sauerkirschpfannkuchen

2 PORTIONEN | 10 MINUTEN | 10 MINUTEN

Zutaten: 2 Eier (Größe L) | 200 ml Milch (3,5 % Fett) | 50 g Mandelmehl | 2 EL Haferkleie | 1 Prise Salz | 20 g Butter | 300 g Sauerkirschen (TK oder Glas, Abtropfgewicht) | 1 EL Rapsöl | 100 g Speisequark (20 % Fett) | Zimt und Vanillepulver nach Geschmack

1 Eier, Milch, Mandelmehl, Haferkleie und Salz zu einer glatten Masse verrühren.

2 Die Pfannkuchen in einer heißen Pfanne mit Butter von jeder Seite circa 2–3 Minuten goldbraun backen.

3 In einer weiteren Pfanne die Sauerkirschen circa 1 Minute in Rapsöl anbraten und mit Quark, Zimt und Vanillepulver mischen.

4 Die gebackenen Pfannkuchen mit der Sauerkirschmasse füllen, einrollen und servieren.

Nährwertangaben: 1 Portion (bei insgesamt 2 Portionen):
473 kcal | 15,7 g Eiweiß | 15,8 g Fett | 23,3 g Kohlenhydrate | 1,94 BE

Zutaten:

1 kleine Papaya (circa 300 g)

100 g Quark (Magerstufe)

Saft von 1 Orange

50 g geschälte Erdnüsse (ohne Salz)

400 g Heidelbeeren

4 Minzblättchen

Weitere Zutaten: 50 ml Mineralwasser | 10 g Weizenkleie

Topfencreme

2 PORTIONEN | 10 MINUTEN | 30 MINUTEN

1 Die Papaya halbieren, schälen und von den Kernen befreien. Quark abtropfen lassen. Papaya, Quark und Mineralwasser in einem hohen Gefäß mit einem Stabmixer pürieren.

2 Den Orangensaft zum Gemisch im Mixer geben und alles zusammen nochmals pürieren.

3 Die Erdnüsse und die Weizenkleie in einer Pfanne ohne Fett goldbraun anrösten. Die Heidelbeeren verlesen und kurz unter fließendem Wasser abbrausen.

4 Die Quark-Frucht-Mousse, die Heidelbeeren und die Erdnüsse schichtweise in Schälchen einfüllen. Für 30 Minuten in den Kühlschrank stellen.

5 Zum Servieren mit den Minzblättern garnieren.

Nährwertangaben: 1 Portion (bei insgesamt 2 Portionen):
307 kcal | 15,7 g Eiweiß | 15,8 g Fett | 23,3 g Kohlenhydrate | 1,94 BE

Nusskrokant

ETWA 55 STÜCK | **15 MINUTEN** | **5 MINUTEN**

Zutaten: 50 g getrocknetes Mischobst | 25 g Rosinen | 20 g Butter | 75 g Xylit | 75 ml Sahne | 50 g gehackte Mandeln | 100 g gehackte Walnüsse

1 Den Backofen auf 175 °C (Umluft) aufheizen und 2 Backbleche mit Backpapier belegen.

2 Das Mischobst und die Rosinen fein hacken.

3 Die Butter, das Xylit und die Sahne in eine beschichtete und hitzegeeignete Pfanne geben und unter ständigem Rühren aufkochen lassen. 4 Minuten weiterkochen lassen.

4 Die übrigen Zutaten in die Sahnemasse geben und alles circa 7 Minuten karamellisieren lassen. Dabei immer umrühren. Es muss eine zähe Masse entstehen.

5 Mit 2 Teelöffeln kleine Häufchen auf die vorbereiteten Backbleche setzen. Alles für etwa 5 Minuten in den Backofen geben. Die fertigen Krokanthäufchen auf dem Backpapier etwa 24 Stunden abkühlen und abtrocknen lassen. Erst dann lassen sie sich gut vom Backpapier lösen.

Nährwertangaben: 1 Stück (bei insgesamt 55 Stück):
33 kcal | 0,50 g Eiweiß | 2,34 g Fett | 2,13 g Kohlenhydrate | 0,18 BE

Zutaten:

3 Eier (Größe L)

40 g gemahlene Mandeln

100 ml Milch (1,5 % Fett)

Mark von 1 Vanilleschote

1 TL Walnussöl

20 g Butter

Weitere Zutaten für die Crêpes: 3 g Johannisbrotkernmehl | 30 g Eiweißpulver (neutral)

Zutaten für die Füllung: 150 g Magerquark | 1 Eiweiß (Größe L) | 2 Eigelb (Größe L) | 10 g Butter (weich) | 40 g Mascarpone | 1 TL Zimt | 20 ml Milch (1,5 % Fett) | Saft von 1 Zitrone | 100 g Apfelmus (ungesüßt)

Überbackene Apfelcrêpes

4 PORTIONEN **15 MINUTEN** **30 MINUTEN**

1 Backofen auf 160 °C (Umluft) vorheizen.

2 Für die Crêpemasse Eier, Johannisbrotkernmehl, Mandeln, Eiweißpulver, Milch, Vanillemark und Walnussöl mit einem Stabmixer fein pürieren.

3 In einer heißen, feuerfesten Pfanne aus jeweils einem Viertel der Butter und der Crêpemasse insgesamt vier Crêpes von beiden Seiten goldbraun ausbacken.

4 Den Quark in ein Geschirrtuch geben und vorsichtig auspressen.

5 Eiweiß steif schlagen und beiseitestellen. Eigelbe schaumig rühren. Butter, Mascarpone, Zimt und Milch zugeben und alles gut verrühren. Danach den Quark und den Zitronensaft zufügen und zum Schluss vorsichtig den Eischnee unterheben.

6 Nun die Lasagne in die Crêpespfanne schichten. Dazu den Pfannenboden mit einem Crêpes auslegen und darauf einen Teil des Apfelmuses und anschließend einen Teil der Quark-Mascarpone-Masse verstreichen. Den Vorgang so lange wiederholen, bis alle Zutaten übereinandergeschichtet sind. Den Abschluss bildet die Mascarponecreme.

7 Die Lasagne im Backofen (Mitte) circa 25–30 Minuten backen.

8 Zum Servieren in vier gleich große Stücke portionieren.

Nährwertangaben: 1 Portion (bei insgesamt 4 Portionen):
356 kcal | 20,6 g Eiweiß | 25,1 g Fett | 9,6 g Kohlenhydrate | 0,8 BE

Zutaten:

50 g Walnüsse

2 Eier (Größe L)

70 g Xylit

100 ml Sahne

100 g gemahlene Mandeln

1 gehäufter TL Backpulver

Weitere Zutaten: 5 g Backkakao | 1 gehäufter TL Lebkuchengewürz | 25 g Mandelmehl (teilentölt) | 1 gehäufter TL Johannisbrotkernmehl | 9 Silikonmuffinförmchen | etwas Öl für die Förmchen

Schokomuffins

9 MUFFINS | 10 MINUTEN | 25 MINUTEN

1 Den Backofen auf 175 °C (Umluft) aufheizen und die Muffinförmchen mit etwas Öl einpinseln.

2 Die Walnüsse grob hacken.

3 Die Eier trennen. Die Eiweiße zu steifem Schnee schlagen und beiseitestellen.

4 Die Eigelbe mit dem Xylit und der Sahne so lange rühren, bis sich das Xylit gelöst hat. Backkakao und Lebkuchengewürz untermengen. Das Backpulver mit dem Johannisbrotkernmehl darübersieben und unterrühren. Anschließend das Mandelmehl zugeben und gleichfalls unterrühren.

5 Die gemahlenen Mandeln zusammen mit dem Eischnee vorsichtig unterheben, sodass ein luftiger Teig entsteht.

6 Den Teig am besten mit 2 Esslöffeln auf die Muffinförmchen verteilen. Die Backzeit beträgt 20–25 Minuten. Nach der Hälfte der Backzeit die Muffins eventuell mit Alufolie abdecken, damit sie nicht zu dunkel werden.

Nährwertangaben: 1 Muffin (bei insgesamt 9 Stück):
275 kcal | 5,9 g Eiweiß | 14,1 g Fett | 29,4 g Kohlenhydrate | 2,45 BE

Zutaten:

100 g Kokosflocken

2 Grapefruits

1 Honigmelone (circa 400 g)

2 reife Avocados

150 g Schlagsahne

Weitere Zutaten: 1 Prise Salz

Grüne Creme mit Melonen-Grapefruit-Confit

4 PORTIONEN **15 MINUTEN**

1 Die Kokosflocken in einer heißen Pfanne ohne Fett goldgelb anrösten.

2 Die Grapefruits von der Schale und der weißen Haut befreien. Die Fruchtfilets zwischen den Trennhäuten mit einem scharfen Messer vorsichtig herauslösen und dabei den austretenden Saft auffangen. Die Melone entkernen, schälen und in kleine Würfel schneiden. Die Grapefruitfilets in einer Schüssel mit Salz abschmecken und mit den Melonenwürfeln vermengen.

3 Für die grüne Creme die Avocados längs halbieren, entsteinen und das Fruchtfleisch aus der Schale löffeln. 4 EL vom Grapefruitsaft aus der Schüssel zugeben und in einem hohen Gefäß mit einem Stabmixer pürieren.

4 Die Sahne steif schlagen und unter die Avocadomasse heben.

5 Die Avocadocreme abwechselnd mit dem Melonen-Grapefruit-Confit in Gläser füllen.

6 Mit den gerösteten Kokosflocken bestreuen und servieren.

Nährwertangaben: 1 Portion (bei insgesamt 4 Portionen):
568 kcal | 5,8 g Eiweiß | 43,9 g Fett | 33,1 g Kohlenhydrate | 2,76 BE

Heidelbeer-Joghurt-Nocken mit Erdbeersoße

4 PORTIONEN **15 MINUTEN** **1 STUNDE**

Zutaten: 2 Blatt Gelatine | 6 EL kaltes Wasser | 2 Eiweiß (Größe M) | 400 g Magerjoghurt | 350 g Heidelbeeren | Saft von 1 Limette | 200 g Erdbeeren | 50 ml Wasser | ½ Bund frische Minze

1 Gelatine 2 Minuten im Wasser einweichen, ausdrücken und in eine Schüssel geben.

2 Eiweiße steif schlagen und beiseitestellen.

3 Joghurt, Heidelbeeren und Limettensaft mit einem Stabmixer pürieren.

4 Einen Topf mit Wasser aufkochen und als Wasserbad herrichten.

5 In der Schüssel die Gelatine über dem Wasserbad gut auflösen und nach und nach in die Joghurtmasse einrühren. Den Eischnee dazugeben und vorsichtig unterheben. Nun das Gelee für 1 Stunde im Kühlschrank kalt stellen.

6 In der Zwischenzeit die Erdbeeren putzen, verlesen und kurz waschen. Die Erdbeeren und das Wasser mit einem Stabmixer pürieren.

7 Die Erdbeersoße in tiefe Teller geben, die Heidelbeer-Joghurt-Creme mit einem Esslöffel in Nocken abstechen und auf dem Fruchtsoßenspiegel anrichten.

8 Vor dem Servieren die Minze waschen, einige Blätter abzupfen und das Gelee damit dekorieren.

Nährwertangaben: 1 Portion (bei insgesamt 4 Portionen):
102 kcal | 8,1 g Eiweiß | 1,1 g Fett | 14,4 g Kohlenhydrate | 1,2 BE

Zutaten:

400 g Brombeeren

200 g Physalis

200 g Blauschimmelkäse (50 % F. i. Tr.)

4 Eiweiß (Größe M)

1 EL Rapsöl

20 g gehackte Pistazien

Weitere Zutaten: 50 g Mandelblättchen

TIPP: Die verbleibenden Eigelbe können Sie zugedeckt im Kühlschrank aufbewahren und am nächsten Morgen zu einem Omelett verarbeiten.

Brombeergratin mit Blauschimmelkäse

4 PORTIONEN | 10 MINUTEN | 10 MINUTEN

1 Backofen auf 180 °C (Umluft) vorheizen.

2 Brombeeren verlesen und waschen. Physalis aus den Blättern trennen und die Früchte halbieren. Käse in 4 gleich große Scheiben schneiden.

3 Die Eiweiße mit einem Handrührgerät zu Eischnee schlagen.

4 In einer heißen, feuerfesten Pfanne mit Rapsöl Brombeeren, Physalis und Mandelblättchen 1–2 Minuten anbraten.

5 Die Brombeer-Physalis-Mischung mit dem Blauschimmelkäse belegen und mit dem Eischnee bedecken. Das Ganze im Backofen (Mitte) circa 6–8 Minuten überbacken.

6 Das Brombeergratin mit den Pistazien bestreuen und servieren.

Nährwertangaben: 1 Portion (bei insgesamt 4 Portionen):
421 kcal | 20,5 g Eiweiß | 27,7 g Fett | 19,4 g Kohlenhydrate | 1,62 BE

Gebratene Mango

4 PORTIONEN **10 MINUTEN** **5 MINUTEN**

Zutaten: 1 Mango (ca. 600 g) | 1 EL Eiweißpulver (neutral) | 2 Eier (Größe M) | 50 g Kokosflocken | 1 EL Erdnussöl | 1 TL Honig | 150 g Frischkäse (60 % Fett i. Tr.)

1 Die Mango schälen, halbieren und den Kern entfernen. Anschließend in 2 cm dicke Halbmonde schneiden.

2 Diese mit einem Küchenpapier abtupfen und mit dem Eiweißpulver bestäuben.

3 Eier verquirlen. Die Kokosflocken auf einen Teller geben. Die Mangostücke zunächst in der Eimasse und anschließend in den Kokosflocken wälzen.

4 In einer heißen Pfanne mit Erdnussöl die Fruchtstücke goldbraun ausbacken.

5 Anschließend den Honig in die Pfanne geben, erhitzen und mit dem Frischkäse ablöschen. Die Mangostücke kurz darin schwenken und servieren.

Nährwertangaben: 1 Portion (bei insgesamt 4 Portionen):
377 kcal | 10,7 g Eiweiß | 25,4 g Fett | 23,6 g Kohlenhydrate | 1,97 BE

REZEPTÜBERSICHT

WOLFGANG LINK

Der aus TV und Medien bekannte Low-Carb-Koch Wolfgang Link stammt aus dem mittelfränkischen Neuendettelsau.

Nach seiner Kochausbildung in einem feinen Hotel/Gasthof und einigen weiteren Stationen in der Gastronomie verschlug es den charismatischen Koch in die Business-Gastronomie eines internationalen Automobilzulieferers, wo er heute den Catering-Service an mehreren Standorten leitet. Aufgrund seiner Liebe zum Beruf folgten verschiedene Ausbildungen, etwa zum Diätkoch, zum Küchenmeister und zum technischen Betriebswirt. Ein Meilenstein seiner beruflichen Weiterentwicklung war die Ausbildung zum LOGI-Experten.

Sein inzwischen sehr umfangreiches Betätigungsfeld reicht von Vorträgen über Kochkurse in seiner eigenen Genussschule, Kochshows, Gastro-Beratungen sowie einen eigen YouTube-Kanal bis hin zu regelmäßigen Fernsehauftritten im Bayrischen Fernsehen.

Seiner Autorenfeder entstammen mittlerweile mehr als 16 Kochbücher, wovon einige Bestseller geworden sind.

Bibliografische Information der Deutschen Nationalbibliothek
Die Deutsche Nationalbibliothek verzeichnet diese Publikation in der Deutschen Nationalbibliografie. Detaillierte bibliografische Daten sind im Internet über http://dnb.d-nb.de abrufbar.

Für Fragen und Anregungen
info@rivaverlag.de

Wichtiger Hinweis
Dieses Buch ist für Lernzwecke gedacht. Es stellt keinen Ersatz für eine individuelle medizinische Beratung dar und sollte auch nicht als solcher benutzt werden. Wenn Sie medizinischen Rat einholen wollen, konsultieren Sie bitte einen qualifizierten Arzt. Der Verlag und der Autor haften für keine nachteiligen Auswirkungen, die in einem direkten oder indirekten Zusammenhang mit den Informationen stehen, die in diesem Buch enthalten sind.

Originalausgabe
1. Auflage 2019

Nymphenburger Straße 86
D-80636 München
Tel.: 089 651285-0
Fax: 089 652096

Redaktion: systemed Verlag, Lünen
Umschlaggestaltung: Die Knaben – Büro für Gestaltung | die-knaben.de
Umschlagabbildungen: Studio Reiner Schmitz, München
Layout und Satz: Die Knaben – Büro für Gestaltung | die-knaben.de
Bildnachweis: Studio Reiner Schmitz, München, Seite 22, 26, 30, 34, 38, 42, 48, 50, 52, 54, 56, 60, 62, 64, 66, 68, 70, 74, 76, 78, 82, 84, 86, 90, 96, 100, 104, 110, 114, 118, 122, 124, 128, 136, 140
Bartosz Ludwinski, Hamburg, Seite 143
Shutterstock: Letterberry, Seite 6 | Pixel-Shot, Seite 9 | Goran Bogicevic, Seite 10 | Jacek Chabraszewski, Seite 17 | natashamam, Seite 20
Zutatenbilder: Shutterstock: Tanya Sid | Anna Kucherova | foodonwhite | Binh Thanh Bui | Elena Zajchikova | azure1 | Boonchuay1970 | Kovaleva_Ka | Kyselova Inna | Khumthong | Eldred Lim | baibaz | Africa Studio | ravl | zkruger | Evgeny Karandaev | Alexander Dashewsky | Pixel-Shot | Scisetti Alfio | JIANG HONGYAN | Simic Vojislav | LAURA_VN | Gita Kulinitch Studio | EM Arts | akepong srichaichana | Africa Studio | Volodymyr Krasyuk | Hortimages | bergamont | Kuttelvaserova Stuchelova | JRP Studio | Nikola Bilic | Jopics | hsagencia | Nattika | tanuha2001 | timquo | New Africa | abimages | Yaroslava | Nuttapong | Anton Starikov | Seregam | Sergiy Kuzmin | ND700 | Lepas | mexrix | spline_x | Thirteen | Chiyacat | MaraZe | ang intaravichian | Ivaschenko Roman | Vova Shevchuk | artphotoclub | vitals | Ostancov Vladislav | Kritchai7752 | topseller | Tiger Images | Zovteva | M Kunz | manulito | Imageman | Maks Narodenko | Diana Taliun | rafcha | Abramova Elena | n7atal7i | Oxie99 | vandycan | Tim UR | Ho Van Ty | BW Folsom | timquo | zcw | Valery121283 | Tarica | Dmitrij Skorobogatov | unverdorben jr | M. Unal Ozmen | Daria Medvedeva | GoncharukMaks | Volosina | Dionisvera | gresei | Anatolii Riepin | Sarah Marchant
Druck: Florjancic Tisk d.o.o., Slowenien
Printed in the EU

ISBN Print 978-3-95814-092-9
ISBN E-Book (PDF) 978-3-95814-241-1
ISBN E-Book (EPUB, Mobi) 978-3-95814-242-8